寓言心读

刘煜炎 / 主编

群言出版社
QUNYAN PRESS
·北京·

图书在版编目（CIP）数据

寓言心读 / 刘煜炎主编. -- 北京 : 群言出版社, 2024.12
ISBN 978-7-5193-0923-7

Ⅰ. ①寓… Ⅱ. ①刘… Ⅲ. ①寓言－文学研究－中国 Ⅳ. ①I207.74

中国国家版本馆CIP数据核字(2024)第064185号

责任编辑：李　群　宋盈锡
特约编辑：刘　莉　孙志强
封面设计：李士勇

出版发行：群言出版社
地　　址：北京市东城区东厂胡同北巷1号（100006）
网　　址：www.qypublish.com（官网书城）
电子信箱：qunyancbs@126.com
联系电话：010-65267783　65263836
法律顾问：北京法政安邦律师事务所
经　　销：全国新华书店

印　　刷：北京九天万卷文化科技有限公司
版　　次：2024年12月第1版
印　　次：2024年12月第1次印刷
开　　本：710mm×1000mm　1/16
印　　张：14.75
字　　数：210千字
书　　号：ISBN 978-7-5193-0923-7
定　　价：68.00元

【版权所有，侵权必究】

如有印装质量问题，请与本社发行部联系调换，电话：010-65263836

编委会

郭江水　许　君　卫文辉　刘海侠　杨　锦
杨成艳　杨永艳　杨翊韬　刘慧慧　刘舒丹

自 序

  我生于湖北省汉川市沉湖镇的一个农村家庭，父亲只有小学文凭，母亲几乎是文盲。梦想成为科学家的我，在班主任袁志禄老师的鼓励中，在父亲"学好数理化，走遍天下都不怕"认知的引领下，投身于数学物理与计算机科学。从剑桥大学毕业后，我成为一名科研工作者、博士生导师，先后在剑桥大学、法国科学院、中国科学院、华中师范大学、华东师范大学从事科研工作达20多年，培养了50多名博士、研究生，其中很多人如今也已成为博士生导师。

  20多年前，我放弃科研，投身于中小学教育改革探索中，希望在培养及提升下一代的创新创造能力上找到行之有效的方法及教育模式。近年来，人工智能的飞速发展与广泛应用，使得培养拔尖创新人才的教育紧迫性及重要性更为突出。如何保障守正人品的前提下，有效培养和开发每个学生的创新创造能力成为中小学教育的最新挑战与重要使命。

  用科学本位学科 STEAM 课程培养批判性思维是我作为科学工作者的基本素养与核心能力。但如何把培养批判性、审辨性、创造性思维能力根植于小学语文教学中，是一个很难想象，更极少实践的事情。我们带领语文老师开展了多年的探索与实践，走出了一条小成之路。《寓言心读》汇集了凯博实验学校的小学语文老师们以寓言故事为主要载体，引领学生们共同思考讨论，辩论总结的课堂教学实践实录。从中读者能跟随我们去体会老师们启发、培养学生们批判性思维能力的过程，甚至能像我们的老师一样，大胆开展自己在语文教学中培养学生批判性、创造性思维能力的探索。

寓言，作为我们选择的切入点，其成书的契机源自一堂普通的教学观摩课。在那堂课上，一位新入职的语文教师讲授《亡羊补牢》，学生们认真地翻译故事、领悟道理，课堂氛围严肃而有序。然而，这堂课虽然看似完美，却引发了我对教学模式的深思。教学过程的价值导向过于明显，寓言的结论趋于单一，缺乏对学生思维的拓展和创新能力的培养。课堂上，教师的引导多于学生的自主生成，学生的主体地位未能得到充分凸显，能动性也未得到充分调动。寓言作为虚构的借喻，具有鲜明的讽刺性和教育性，理应激发学生多角度、多维度的思考，从而引发学生的深刻反思，培养他们的创造性思维。因此，我们需要深化课堂改革，推进主题教学，以既有推论和结果为出发点，鼓励学生质疑、审问、创新和实践，从而得出新的结论，更重要的是通过这种大胆质疑，探索创新的教学方法，培养学生的创造力。

为了实现这一目标，我致力于帮助老师们建立科学的思维模型，并引导他们在课堂上运用这些模型。首先，我强调"求异"而非"求同"，鼓励学生们勇于质疑、审问、创新和实践，从而得出新的见解和结论。在"求异"的过程中，我鼓励老师们引导学生保持开放态度，经历一个从无到有的探索过程，不断质疑、推翻与重建，以锻炼思维，培养学生深度思考的能力。

其次，求"繁"以求"简"。通过对一个例子进行充分而广泛的思辨，或对众多事物的表象进行归纳、概括与总结，我们可以提炼出最根本的规律，或找到探索本质规律的路径。在这里，"繁"是通往"简"的桥梁，它帮助我们掌握简化问题的方法，拓宽思维的广度。

最后，倡导"变中求恒"的思维方法。老师们通过对比不同事物的发展过程,让学生从具体、可视的例子中逐步剥离出变化事物的表象,揭示恒定不变的规律。这一过程旨在培养学生的思维灵活性,让他们在讨论中领悟"亡羊补牢"不如"未雨绸缪"的道理。

　　知先全善的系统思考,即在做任何事情时都应追求尽善尽美。这不仅是个人修养的至高境界,也与儒家所倡导的"止于至善"理念不谋而合。在此基础上,我们可以引导学生进行故事创编,从阅读中汲取养分,再通过写作来领悟其中的道理,从而巩固学习成果,达到最优的教学效果。

　　然而,要将上述理论付诸实践,实现学生自主思考、自主生成的目标,仍需更多的课堂实践和教学研讨。在实践过程中,可能会遇到学生思维习惯懈怠、思维方式固化等问题。这时,就需要教师发挥导师的引领作用,精心培育。本书记录了我们在寓言课堂上的多种尝试,虽然仍未达到理想效果,但作为我们一个阶段的探索和成果,它值得我们抛砖引玉,结果形成案例,总结经验,引发更多语文老师甚至其他人文学科教师的教育改革和探索。我们更希望读者阅读实践探索之后,把好的建议与意见反馈给我们,以便我们进一步改进提高。

前 言

由《亡羊补牢》引发的教学探讨

应聘老师试讲《亡羊补牢》，刘煜炎博士听课后，马上召集语文组教师开了一场临时教研会。刘煜炎博士针对语文课堂的教学原则、教学内容的挖掘及优选教学方法几个方面，又给大家上了生动精彩的一课，语文组的老师们受到了极大的震动和启发。

大家都知道《亡羊补牢》的故事，"亡羊补牢"的下一句是"为时未晚"。但刘煜炎博士提出的第一个问题就是，亡羊补牢真的为时未晚吗？那只已"亡"的"羊"呢？怎样做才是真的不晚呢？大家恍然大悟——那就是"未雨绸缪""防患于未然"。这个问题给了老师们极大的触动，因为我们手中的教参、网上查找的资料都解释为有了问题和错误应及时补救。大家也从来没有从这个角度深入地思考过这个问题。经过刘煜炎博士的启发，我们深刻地认识到，想要不把学生教"死"，教师首先要多角度地解读、更加深入地钻研教材，多借鉴而又不依赖所参考的资料，每个人都应具有独创精神，这对教师都是一个新的考验。

在阐述语文课的教学原则和寓言故事的教学目标时，刘煜炎博士强调了几个很重要的理念：求非以求是、求繁以求简、求易（变）以

求恒和知先全善。开始大家还觉得一头雾水，随着教学的深入，大家对这些问题有了清晰的理解。

刘煜炎博士在教《亡羊补牢》这则寓言时，对"亡""羊""补""牢"这4个字进行拆解，分别以"是什么？""为什么？""你是怎样知道的？""为什么是最好的，而不用其他？"这样的问题引导学生进行分组交流讨论。既不直接告诉学生结果，也不是在二选一的"假"探索中轻而易举地让学生获得答案，而是让学生在老师的陪伴下，带着疑问、寻找方法、不断甄别、联系上下文及生活实际，多角度思考，在讨论协作中解决疑问，不仅深入理解了寓意，更使学生学会了解决疑问的方法。

"羊"是羊吗？不是羊吗？到底是什么？

羊不仅仅是羊，它具有一般代表性，代表着生活中人们拥有的美好事物且任人宰割。如果思维拓展一下，还有"羊大为美""三阳开泰"等。

为什么要用"羊"？"牢"是什么？真的是牢吗？可以用其他词吗？为什么这里要用"牢"？羊的"牢"，是牢固的"牢"，更是"心牢"！不光要补"圈"，更要补得"牢固"。

为什么"从此再也没有丢过"？因为补得牢啊！这不只是把牢补上就可以做到，因为发生一次亡羊的牢已经存在漏洞，没有补牢补全的思维，是不能做到再也没丢过的。

让学生在正向、逆向及多角度思维中，获得思维深刻性、灵活性、独创性、批判性、敏捷性和系统性的训练，更加激发了学生探索的积极性、主动性。

这样的教学把课堂通通交给学生，"求非以求是"，道理在哪儿呢？我们在创新思维过程中，对"是"要有一个"无中生有"的过程，如果直接一个"是"给定了，那么同时就否决了其他的可能，那么创新又从何谈起呢？一个"标准"答案就把思维给禁锢了。而先求非则是在一个一个求"非"的过程中锻炼思维，况且"非"中还存在另外的"是"，即便我们最终的求证结果只有一个"是"，那么求是的过程，也让我们充分地了解这个"是"为什么是"是"。在引导学生质疑、推翻、重建的过程中不断修正、探寻事物的本质及其发展规律，培养思维的深度。

求繁以求简，是对一个例子进行充分、广泛的思辨，或是对众多事物的表象进行归纳、概括、总结，以便从中找出一个最根本的规律，或者是找出一个寻找本质规律的思路。繁是掌握简的方法，以培养思维的广度。

求易（变）以求恒则是在发展事物的对比中，从具体的、可视的例子中逐渐剥离变化事物的表象，找到恒定不变的规律，培养思维灵活性。最终启发学生在讨论中懂得"亡羊补牢"不如"未雨绸缪"，从而实现语文的育人功能，进行价值引领，感悟知先全善。

知先全善即做事要抱以求全求善的目标，不仅要做到最好、最优，还要做到最善，这也是儒家所倡导的"止于至善"。在此基础之上，进行故事创编，从读学写，写中悟道，巩固成果以达到最优的教学效果。

由此启发，我们看看语文老师们如何用不同的例子去实践这种思维训练。

目录

守株待兔 /001　　揠苗助长 /011

塞翁失马 /024　　自相矛盾 /036

曲突徙薪 /048　　对牛弹琴 /060

邯郸学步 /070　　亡羊补牢 /078

黔驴技穷 /089　　南辕北辙 /101

杞人忧天 /113　　坐井观天 /126

郑人买履 /138　　三人成虎 /151

望洋兴叹 /163　　鲁人徙越 /174

买椟还珠 /186　　愚公移山 /196

叶公好龙 /208

守株待兔

授课人 刘舒丹

一、教学设计

教学目标

1. 会认"宋""耕"等4个字，会写"守""株"等9个生字。

2. 正确流利地朗读课文。借助注释读懂课文，说出农夫被笑话的原因。背诵课文。

3. 多角度讨论寓意。

教学重点及难点

1. 教学重点：借助注释读懂课文。

2. 教学难点：多角度讨论寓意。

教学结构导图

```
        心理
        动作 ── 读写结合                    甲骨文溯源"兔"
        语言
                          守株待兔
  寓言启示
  "兔"是什么  理解文本，阅读提升          交流预习，疏通文意
  《韩非子》
```

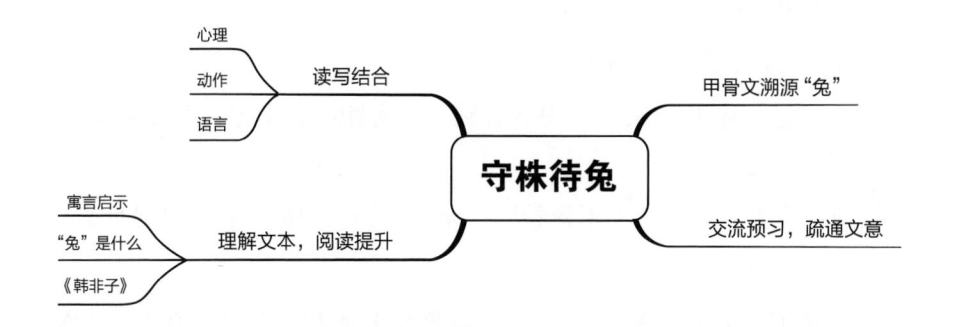

🖊 思维提升，问题列举

1. 守株待兔中的"兔"是什么呢？我们生活中有没有这样的心态？

2. 在"守株待兔"的寓言出处《韩非子·五蠹》中，这个故事是在说明什么呢？

3. 农夫为什么会被笑话？

🖊 教学过程

（一）甲骨文溯源，激发识字兴趣

"兔"是一个象形字，字形是一只张着嘴巴，长耳短尾的小动物。侧面的形象能感受到它的跳跃能力很强，而在今天的故事中，它的跳跃能力却引发了一个小故事。

（二）交流预习，夯实基础

1. 疏通文意。检查朗读情况，要求字音正确，长句子朗读时掌握好停顿。比如，"颈""释""耒""冀"这4个字是重点字。

2. 小组讨论，借助注释疏通文意。

3. 小组之间相互派成员去其他组检查文言文实词掌握情况。

其中重点词语有：

株：树桩。形声和指事字。

走：跑。从金文字形中能看到这个奔跑的人形象。古今异义词。

因：于是。

释：放下。成语"手不释卷""无法释怀"中的"释"都是此意。

冀：希望，希冀。

4. 疏通文意后再次朗读，读出故事情节的跌宕起伏。比如，"冀复得兔"读出期待的语气,"兔不可复得"读出失望的语气,最后读出嘲笑的语气。

(三)理解文本,阅读提升

1. 这则寓言给同学们带来了什么启示?

大家大多会说不要有不劳而获的心理,不能对成功抱有侥幸等,先让大家畅所欲言。

2. 追问"守株待兔"中的"兔"指的是什么呢?我们生活中有没有这样的心态?

让同学们联系生活实际,加深对寓言故事的理解,懂得寓言故事的主人公就在身边,比如有些同学在某次听写中,没有复习就拿到了高分,他就会扬扬得意,认为下次也会这样,甚至生活中买彩票、炒股、炒房等投机行为都有"守株待兔"的影子。

3. 如果将"兔"理解为机会,我们是不是都在等待呢?那我们的行为和农夫的差别在哪里?

我们是为以后的好机会而做准备,比如通过好好读书来实现自我价值,而农夫是忘其本分。

4. 在"守株待兔"的寓言出处《韩非子·五蠹》中,这则寓言是在说明什么呢?

上古之世,人民少而禽兽众,人民不胜禽兽虫蛇。有圣人作,构木为巢以避群害,而民悦之,使王天下,号曰有巢氏。民食果蓏蚌蛤,腥臊恶臭而伤害腹胃,民多疾病。有圣人作,钻燧取火以化腥臊,而民说之,使王天下,号之曰燧人氏。中古之世,天下大水,而鲧、禹决渎。近古之世,桀、纣暴乱,而汤、武征伐。今有构木钻燧于夏后氏之世者,必为鲧、禹笑矣;有决渎于殷、周之世者,必为汤、武笑矣。然则今有美尧、舜、汤、武、禹之道于当今之世者,必为新圣笑矣。是以圣人不期修古，不法常可，论世之事，因为之备。宋有人耕田者，田中有株，兔走触株，折颈而死，因释其耒而守株，冀复得兔。兔不可复得，而身为宋国笑。今欲以先王之政，治当世之民，皆守株之类也。

末尾的"今欲以先王之政，治当世之民，皆守株之类也"是借这则寓言故事来讽刺不懂变通的执政者，因此这则寓言与"刻舟求剑"有异曲同工之妙，都在讨论"常"与"不常"的道理，妄图把变化的事物当作常理，因循守旧。

而古代向君王进谏大多采用说故事的方式，有所隐喻，避免针锋相对，这是中国古代沟通的智慧。

5.最后我们逆向思考，农夫的行为是不是也有值得我们学习的地方？比如他的坚持，就像科学家在收集实验数据的过程，是不是也在守株待兔呢？

（四）读写结合，拓展表达

将小古文改写成现代小说，加上农夫的心理、语言、动作等描写。

（五）布置作业，课内外结合

完成小练笔。

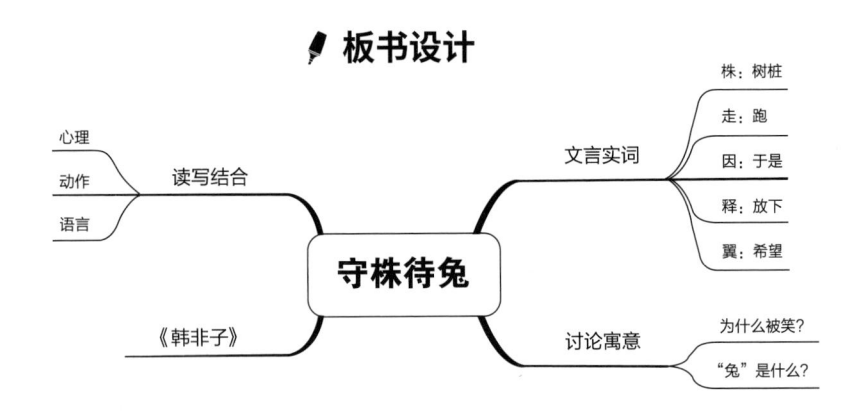

板书设计

守株待兔

- 读写结合
  - 心理
  - 动作
  - 语言
- 《韩非子》
- 文言实词
  - 株：树桩
  - 走：跑
  - 因：于是
  - 释：放下
  - 冀：希望
- 讨论寓意
  - 为什么被笑？
  - "兔"是什么？

二 教学实录

（一）甲骨文导入

师：同学们，来看看这个甲骨文是什么呢？

生：是兔子。

师："兔"是一个象形字，字形是一只张着嘴巴，长耳短尾的小动物。侧面的形象能感受到它的跳跃能力很强，而在今天的故事中，它的跳跃能力却引发了一个小故事。

（二）交流预习，疏通文意

师：接下来，请大家朗读课文，要求字音准确。

（同学自主朗读课文）

师：在朗读中，有几个字需要大家重点注意，请同学来读一读："颈""释""耒""冀"。

（同学读）

师：接下来进行小组讨论，借助注释疏通文意。

（同学小组讨论）

师：老师发现，大家对这则寓言故事很熟悉，因此读文言文也不是很难。可是在文言文中，有些重点实词老师还需要强调一下，第一个是"株"，是什么意思呢？

生：树桩。

师：是的，这个字是形声字，左边是木头，右边是"朱"字，同时，这个字也是指事字。下一个是一个古今异义字，"兔走触株"中的"走"是什么意思呢？

生：是跑步的意思。

师：是的，我们来看这个字的金文，就是一个奔跑的人形，看这个舞动的手臂，所以大家不要和我们现在的含义混淆。下一个是因释

其末的"释",是什么意思呢?

生:是放下的意思。

师:你们还能想到相关的成语吗?

生:手不释卷。

生:无法释怀。

师:是的,都是放下的意思。最后一个是"冀复得兔"中的"冀",是什么意思呢?

生:希望。

师:对,此外还有希冀这个词语。

师:请大家在疏通文意后再次朗读,读出故事情节的跌宕起伏。比如"冀复得兔"读出期待的语气,"兔不可复得"读出失望的语气,最后读出嘲笑的语气。

(同学朗读)

(三)理解文本,阅读提升

师:那我们来聊聊这则寓言给同学们带来了什么启示呢?

生:不要有不劳而获的心理,不要投机取巧。

生:不能对成功抱有侥幸心理。

生:要通过努力来获得成功。

师:同学们都说得很好,那我们就课题这4个字来深入思考一下,它们除了字面上的含义,还代表什么呢?请第一组讨论"守",比如农夫在守什么?怎么守的?第二组讨论"株",株还可以是什么?第三组讨论"待",怎么待的?第四组讨论"兔",兔还代表着什么?请大家进行小组讨论。

(同学小组讨论)

生:我们觉得农夫在守兔子的时候,还可以改变办法,他不用去死守,可以去观察兔子更多的习性,比如在兔子窝门口守,或许他还

真的能再一次守到兔子。我们觉得农夫需要有更多的思考。

生：株是树桩的意思，我们觉得还可以引申为获得成功的支持因素，因为兔子是撞在树桩上才死的，那如果没有这个树桩，农夫就不会成功。其实成功是需要一个支持因素来帮助的。比如你想成绩好，就要努力学习。

生：待就是等待的意思。我们在讨论的时候还想到，农夫的等待大家觉得是可笑的，但是很多事情我们就是需要等待，比如科学家在做研究的时候，也是要等待数据的，机会是留给等待的人的，重点要看你怎么等待。

生：我们觉得兔子在这里象征着机会，只是在这个故事中，机会是不可控的。比如有些同学在某次听写中，没有复习就拿到了高分，他就会扬扬得意，认为下次也会这样幸运，包括生活中买彩票、炒股、炒房等投机行为都有"守株待兔"的影子。

师：同学们的发言都非常精彩，你们从更多角度对这个故事进行了深入的讨论。那我们再回到文本中，这个故事出自《韩非子·五蠹》，那在这个背景下，它是要表达什么呢？

出示文本

> 上古之世，人民少而禽兽众，人民不胜禽兽虫蛇。有圣人作，构木为巢以避群害，而民悦之，使王天下，号曰有巢氏。民食果蓏蚌蛤，腥臊恶臭而伤害腹胃，民多疾病。有圣人作，钻燧取火以化腥臊，而民说之，使王天下，号之曰燧人氏。中古之世，天下大水，而鲧、禹决渎。近古之世，桀、纣暴乱，而汤、武征伐。今有构木钻燧于夏后氏之世者，必为鲧、禹笑矣；有决渎于殷、周之世者，必为汤、武笑矣。然则今有美尧、舜、汤、武、禹之道于当今之世者，必为新圣笑矣。是以圣人不期修古，不法常可，论世之事，因为之备。宋有人耕田者，田中有株，兔走触株，折颈而死，因释其耒而守株，冀复得兔。兔不可复得，而身为宋国笑。今欲以先王之政，治当世之民，皆守株之类也。

寓言心读 / YUYAN XINDU

师：在《韩非子·五蠹》中，末尾写道"今欲以先王之政，治当世之民，皆守株之类也"，是借这则寓言故事来讽刺不懂变通的执政者，因此这则寓言与"刻舟求剑"有异曲同工之妙，都在讨论"常"与"不常"的道理，妄图把变化的事物当作常理，因循守旧。并且，寓言这种讲故事的方式是古代向君王进谏大多采用的方式，有所隐喻，避免针锋相对，这是中国古代沟通的智慧。大家在生活中也可以采用这样的沟通方式。

（四）读写结合

师：那如果现在请你将这个故事进行改编，你会如何改动呢？农夫会变成什么形象？

生：农夫在捡到兔子之后，可以拿到市场上去卖掉，然后买更多的兔崽，他还可以开一个兔子养殖场。

生：农夫还可以研究兔子的习性，找到它们的窝，再来抓兔子。

师：那今天的作业就请大家创编一则寓言吧！

三　教学反思

本堂课的教学目标是让同学们能借助注释疏通文意，从而更加有感情地朗读文言文。另外，希望同学们对这则寓言故事进行多角度思考，从寓言的浅层含义进行抽象化，并且能与自己的生活经验相联系。

在教学过程中，同学们对守株待兔这则寓言故事非常熟悉，因此也降低了理解文言文的难度，大家学习效率很高，很快完成了这部分内容的学习，在理解了文意之后，同学们的朗读也在流利的基础上有了情感的变化。在后半段的寓意研讨环节，针对"守""株""待""兔"这4个字进行分组讨论，老师在这个过程中启发同学们从多角度思考，让他们不再局限于自己固有的想法。能看到同学们的积极性很高，产生了很多大胆和深刻的想法，尤其是帮助农夫想办法的这个问题，更是看到了学生思维的活跃性和创造性。思维发散之后，又回归了文本，探寻这则寓言故事的出处《韩非子·五蠹》，理解故事的原意是什么，后来在流传的过程中发生了什么演变，从而更加深刻地理解寓言故事这个文体特点。

不过，对于学生的讨论，老师还是存在太多预设，总想把控课堂的问题，老师为了追求课堂效果的平稳呈现，总想带回自己准备好的问题和节奏上，还是没有做到完全放手给学生，或许错过了学生更多的想法，这也是一种遗憾。

四 评研

评研1

新课标强调阅读教学要重视"读"的训练，引导学生在"读"中感知，在"读"中感悟，在"读"中培养语感，在"读"中得到熏陶。因此，在低年级的教学中，我们就要根据学生的年龄特点，加强读的训练。在这堂课中，老师让大家在理解文意的基础上，揣摩农夫的心理变化过程，从欣喜到失落，用朗读来把故事的起承转合都表现出来，是很好的训练。

评研2

这堂课教学环节的设计清晰流畅，在老师的引导过程中步步深入，尤其是后半节课的深入探究部分让我们看到了生成性的课堂，这样的课堂不完全是预设的结果，而是在课堂中有教师和学生的真实情感、智慧的交流，这个过程既有资源的生成，又有过程状态的生成。同学们围绕"守株待兔"这4个字，进行深入探究，发散思维，基于文本又不被原来的思路限制，将这个故事上升到了具有哲理的意味，同学们的创意更是让老师们欣喜不断。

评研3

教材选用学生熟悉的寓言来学习小古文，就是要让同学们从小对传统的文言文语言有所熟悉，建立古文的语感，感受中国深厚的传统文化。这堂课在传统文化上做了更多的拓展，比如课堂导入的甲骨文，激发了孩子们的兴趣。中间在讲授文言文实词时也教授了字形演变的规律，让孩子们不是死记硬背，而是理解字词的含义。在后面还拓展了寓言的出处，将寓言放回到更大的文本背景中去体会寓言的特点。

揠苗助长

授课人 刘海侠

一、教学设计

教学目标

1. 自主学习 3 个会认字，正确书写 2 个会写字。
2. 能够熟练地朗读课文，并尝试背诵。
3. 明白寓言故事的寓意，并能结合自己的生活实际谈谈感想。

教学重点及难点

1. 教学重点：了解故事内容，在诵读中感受文言文的语言特点。
2. 教学难点：感悟寓言的寓意，并能结合生活实际说说自己的感受。

教学结构导图

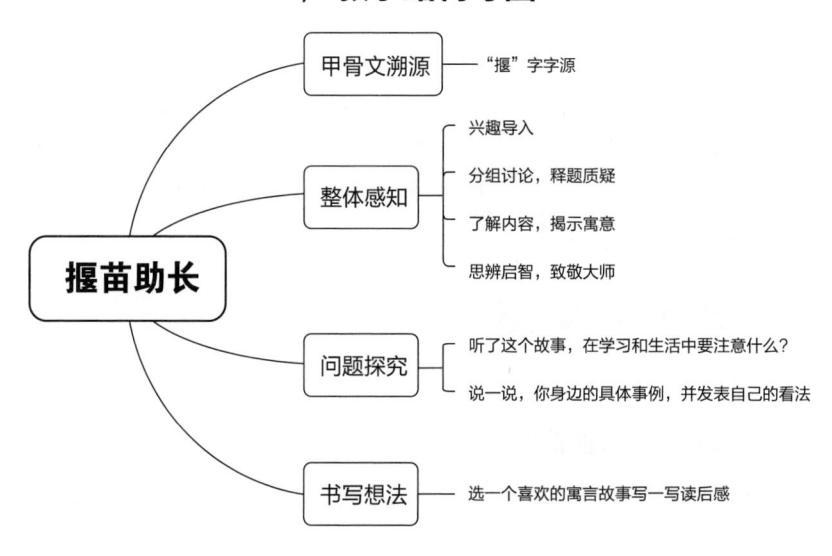

- 揠苗助长
  - 甲骨文溯源 —— "揠"字字源
  - 整体感知
    - 兴趣导入
    - 分组讨论，释题质疑
    - 了解内容，揭示寓意
    - 思辨启智，致敬大师
  - 问题探究
    - 听了这个故事，在学习和生活中要注意什么？
    - 说一说，你身边的具体事例，并发表自己的看法
  - 书写想法 —— 选一个喜欢的寓言故事写一写读后感

思维提升，问题列举

1. 听了这个故事，以后在我们的学习和生活中要注意什么？

2. 讨论：

（1）如果你的父母准备给你报好几个兴趣班，让你周末也学习，你是怎么想的？

（2）在2022年北京冬奥会中获得金牌的谷爱凌在暑假时回国提前学完一学年的数学课程，用节省下来的时间练习滑雪，通过刻苦练习最终获得成功，对此你怎么想？

（3）盖房子为什么要打地基？

（4）在你学有余力的情况下你会做什么？

（5）拓展阅读，体会道理。

《欲速则不达》《寡妇与母鸡》。

教学过程

（一）甲骨文溯源，激发识字兴趣

"揠"是山东文登一带的方言词，《广韵》说："拔草心也。""揠"特指拔心或拔草心。例如揠蒜薹、揠棒棒（引导学生继承古汉语表达的精细准确）。

揠 yà

形声字。手（扌）表意，篆书形体像手，表示用手将物拔出；匽(yǎn)表声，匽作隐藏解，表示揠是拔出隐藏之物。本义是拔。

拔：~苗助长（比喻做事违反客观规律，急于求成，反而会把事情搞糟）。

~苗助长

（二）交流预习，夯实基础

1. 板书课题——揠苗助长。

指名读题——齐读。

这个故事出自古代文集《孟子》中的《公孙丑上》篇。PPT出示——认识孟子（简介）。

2.理解题意：拔禾苗帮助它长高——揠：拔。

（指导认字方法：查字典是学习文言文的一个重要方法）

这则寓言故事我们已经预习过了，相信大家已经理解了。今天我们来看看它用文言文是怎样写的。

（三）分组讨论，释题质疑

揠：是什么意思？揠的目的是什么？揠得对吗？

苗：什么苗能拔？什么苗不应该拔？拔的是苗吗？如不是那是什么？

助：助的是什么？应不应该帮助？

长：长了吗？没长吗？

小组代表讨论后发言。

（四）理解文本，阅读提升

朗读文言文

揠苗助长

宋人有闵其苗之不长而揠之者，芒芒然归，谓其人曰："今日病矣！予助苗长矣！"其子趋而往视之，苗则槁矣。

2.古人云：书读百遍，其义自见。

自学提示：

（1）默读古文，并结合注释理解每一句的意思。如有不明白的地方，标记出来。

（2）小组内说一说你的疑惑，试着共同解决。学生自学。

（3）汇报。

3.复述故事并演一演。

指导方法：讲明时间、地点、人物和他做了什么事。

生练习说，教师相机指导。

同桌互说互演。

4.后来，这个宋国人揠苗助长的事情被邻居们知道了。大家议论纷纷（小组讨论，全班分享）。

生1：你太自作聪明了，田里的禾苗不但没有长高，反而都枯死了。

生2：禾苗本来自己会长高的，你偏偏去拔它，最后不但没有长高，反而都死了。

生3：植物有它的自然生长规律，随意去破坏只会适得其反。

生4：你太愚蠢啦，禾苗自己会长的，根本不用去拔。

生5：要学会等待……

5.读出韵味。

师：明白了古文的意思，再读文章会更有韵味。

生练读。指名读，齐读，背诵。

（五）读写结合

拓展表达。思辨中启发心智，向大师学习。

1.听了这个故事，以后在我们的学习和生活中要注意什么？

生1：做事不能着急，要慢慢来。

生2：不能违背自然规律。

师：像"揠苗助长"这样，通过一个短小的故事，却告诉了我们深刻的道理，这就是寓言（板书：寓言）。

2.结合生活实际讨论。

（1）如果你的父母准备给你报好几个兴趣班，让你周末也学习，你是怎么想的？

（2）在2022年北京冬奥会中获得金牌的谷爱凌在暑假时回国提

前学完一学年的数学课程，用节省下来的时间练习滑雪，通过刻苦练习最终获得成功，对比你怎么想？

（3）盖房子是为什么要打地基？

（4）在你学而有力的情况下你会做什么……

3.拓展阅读《伊索寓言》中的《寡妇与母鸡》和《论语·子路》中的《欲速则不达》。读后结合《揠苗助长》和生活实际写一写自己的看法。

全班分享。

（六）布置作业

课内外结合。

1.读《中国寓言故事》或《伊索寓言》。

2.小练笔：选择一个喜欢的寓言故事写读后感。

板书设计

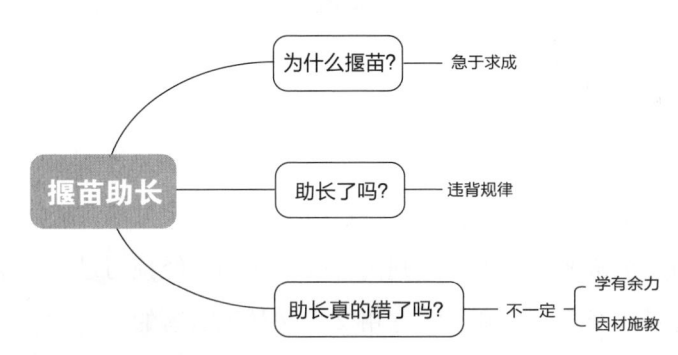

```
                ┌── 为什么揠苗？ ── 急于求成
                │
揠苗助长 ───────┼── 助长了吗？ ── 违背规律
                │
                │                        ┌── 学有余力
                └── 助长真的错了吗？ ── 不一定 ──┤
                                         └── 因材施教
```

二 教学实录

（一）甲骨文溯源，激发识字兴趣

1.课件出示"揠"字的演变，学生观察，理解字义。

师：请大家快速查一下字典或看课件了解"揠"是什么意思及揠

的字形演变。

师：谁说一说"揠"是什么意思？

生："揠"是往上拔的意思。

师：从课件中你了解到哪些信息？

生："揠"是山东文登一带的方言词，《广韵》载："拔草心也。""揠"特指拔心或拔草心。例如揠蒜薹、揠棒棒。

生：意思就是把苗往上拔帮助它生长。

师：看来我们古汉语中的表达是很精准的。

（二）交流预习，夯实基础

1. 解题导入。

师：今天我们一起来学习一篇寓言故事——揠苗助长（板书课题——揠苗助长）。

生：（齐读课题）揠苗助长。

师：这个故事出自古代文集《孟子》中的《公孙丑上》篇（出示PPT孟子简介）。

生：孟子（齐读）。

2. 理解题意。

师：拔禾苗帮助它长高——揠：拔（指导认字方法：查字典是学习文言文的一个重要方法）。这则寓言故事我们已经预习过了，相信大家已经理解了。今天我们来看看它用文言文是怎么写的。

生：（齐读）"《揠苗助长》宋人有闵其苗之不长而揠之者，芒芒然归，谓其人曰：'今日病矣！予助苗长矣！'其子趋而往视之，苗则槁矣。"

师：请用自己的语言讲讲这则寓言的内容。

生：从前有个宋国人，总觉得自己家的禾苗没有邻居家的禾苗长得高，他特别着急，突然他灵机一动，跑到田里一根一根地抓住禾苗的心往上拔……

生：这是一个类似心急吃不了热豆腐的故事，一个着急、巴望自己禾苗快速长大，就不顾植物的生长规律将禾苗往上拔导致禾苗枯死的故事。

3. 分组讨论，释题质疑。

小组1：揠是什么意思？揠的目的是什么？揠得对吗？

小组2：什么苗能拔？什么苗不应该拔？拔的是苗吗？如不是又是什么？

小组3：助的是什么？应不应该帮助？

小组4：长了吗？没长吗？

小组代表讨论后发言。

生：揠就是拔禾苗的心，揠的目的是想要禾苗快速长高，揠禾苗是不对的。

生：……

（三）理解文本，阅读提升

1. 演一演。

师：讲明时间、地点、人物和他做了什么事？

生：时间是一个艳阳高照的大中午。

生：地点是在一望无际的禾苗地里。

生：人物是一个急性子的农夫和无语的农夫儿子。

生：事件是农夫在禾苗地里弯着腰拼命地拔禾苗心。

生练习，指名说，教师相机指导。小组互说互演。

2. 师：后来，这个宋国人揠苗助长的事情被邻居们知道了。大家议论纷纷。

（学生小组讨论并分享）

生：你太自作聪明了，田里的禾苗不但没有长高，反而都枯死了。

生：禾苗本来自己会长高的，你偏偏去拔它，最后不但没有长高，反而都死了。

生：植物有它的自然生长规律，随意去破坏只会适得其反。

生：你太愚蠢啦，禾苗自己会长的，根本不用去拔。

生：要学会等待……

3. 内化寓言寓意。

师：面对那枯死的禾苗，你会怎样指出拔苗人的错误呢？

生：老伯伯，怎么种田的人连这点起码的常识都不知道呢？

生：老伯伯，你错在不按庄稼的生长规律办事，庄稼生长靠它自己，怎么能把它往高里拔呢？

生：老伯伯啊，你错在不按事物的规律办事，帮助禾苗生长的这个想法没有错，但用的方法不对。你可以用加强管理的方法促使它生长。

（其他学生发言略）

师：面对田里枯死的禾苗，面对人们的教育，如果你是那个拔苗人会怎么想？

生：我会这样想，我真是太不该了，怎么能不顾庄稼的生长规律乱干呢？花了时间，用了气力，还吃力不讨好，我得接受教训啊！

（其他学生发言略）

师：如果你是那个拔苗人，你会怎么做呢？

生：我一定要向老农请教。

生：我会把地翻了，重种庄稼，然后加强管理，使庄稼有个好收成。

（其他学生发言略）

师：我们这里有这样的拔苗人吗？

生：没有，谁也不会干这样的傻事。

师：有没有类似的人呢？比如为了急着把事情办快一些，而用一些傻办法呢？

生：有，我哥哥平时不注意训练，体育达标验收的那天早上，他很早就起床掷垒球，结果怎么会及格呢？

生：我看到新闻上有人为了快速减肥吃减肥药，医生让她一天吃两片，可她一天吃四片，结果把身体减出病来，进了医院。

生：我爸爸厂里有个工人，加工一种零件，本来要六道工序，可他嫌麻烦，减了一道，结果成了废品，不仅他本人受到了处分，还给厂里造成了经济损失。

（其他学生发言略）

师：通过这则寓言，你会告诫自己和他人该怎么接受拔苗人和以上一些人的教训呢？

生：不管做什么事，都要按规律办，不能一时求快，好心办坏事。

生：做什么事想快一点是可以的，但要讲究方法，否则不仅快不了，反而会把事情办糟。

（其他学生发言略）

师：不错。那人听了你们的介绍，一定会接受教训，该怎么做呢？请大家想一个画面写下来……

4.在理解后读出韵味。

师：明白了古文的意思，再读文章会更有韵味。

生练读。指名读，齐读。

（四）读写结合，拓展表达

1.理解寓言蕴涵。

师：听了这个故事，以后在我们的学习和生活中要注意什么？

生：做事不能着急，要慢慢来。

生：不能违背自然规律。

师：像《揠苗助长》这样，通过一个短小的故事，却告诉了我们深刻的道理，这就是寓言（板书：寓言）。

师：那么揠苗助长之类的事情都是错误的吗？

师：如果你的父母准备给你报好几个兴趣班，让你周末也学习，你是怎么想的？

生：如果作业早就做完了，父母报的兴趣班正好是自己特别感兴趣、喜欢做的事情那就太好了。比如暑假我请求妈妈让我本来一周两节的钢琴课变成每天一节，每天加练一小时。通过我的努力我在钢琴比赛中获得了两项大奖，而且我是参赛选手中年龄最小的。虽然练琴很累，但我通过练琴磨炼了毅力，并且享受到优美的旋律，我很开心。

生：那是因为你的兴趣是钢琴，所以你练琴是很愉快，但如果父母给你报的不是你喜欢的，是父母喜欢的，逼着我们去学那就是揠苗助长了。

生：我觉得你们说得都对，在课余时间应该多学本领，但要学自己感兴趣的。

……

师：看来大家的想法是一致的。在2022年北京冬奥会中获得金牌的谷爱凌在暑假时回国提前学完一学年的数学课程，用节省下来的时间练习滑雪，通过刻苦练习最终获得成功，你怎么想？

生：很好啊！这样我们在有限的时间里做更多的事情，我妈妈说这是效率。

生：我也要向谷爱凌学习，利用好时间，节省出时间来做自己感兴趣的事情。

……

师：那谁还能说说揠苗助长有没有好的一面？

生：大棚蔬菜、太空蔬菜，我听奶奶说过以前冬天的蔬菜只有萝卜、白菜和土豆。现在的大棚菜让我们一年四季都能吃到新鲜的蔬菜

瓜果。这样算揠苗助长的话应该是有好的一方面。

生：我看过一篇文章《和时间赛跑》，文中的孩子和奥运冠军谷爱凌一样提前学习知识，节省下来的时间来做更多感兴趣的事情，告诉我们珍惜时间，在有限的时间内做更多事情，这样的揠苗助长就是好的。

……

师：大家的发言让老师特别欣慰，从你们的发言中，老师发现你们和伟大的教育家孔子的"因材施教"思想出奇地一致，你们的思维能力又提高了。在我们学有余力的前提下"助长"也是可以的。

2. 拓展阅读。

学生读预习单中《伊索寓言》中的《寡妇与母鸡》和《论语·子路》中的《欲速则不达》。读后结合《揠苗助长》和生活实际写一写自己的看法。

（五）课内外结合，布置作业

1. 读《中国寓言故事》或《伊索寓言》。

2. 小练笔：选择一个喜欢的寓言故事写读后感。

三　教学反思

理解这则寓言故事所蕴含的寓意，对二年级学生来说，在老师的讲解下理解起来比较生涩。如果按部就班地"奉送"寓意，对孩子们来说也是肤受之言；如果对寓意避而不谈，又难以达到教书育人的双重目标。还有一味地抱着教材教给学生正确答案对于凯博的学生来说也是不符合刘博的理念的。为此，需根据学生的认知方式及心理特点，注重对形象的渲染和情境的感受，让他们在具体形象、生动有趣的特定情境中，感知语言情境，感受语言内容，感悟语言内涵，并让学生们在自己的表演创作中理解故事、创新故事。

培养学生独立创造、主动求索的精神，这是阅读教学中渗透创新教育的重要一环，这在《揠苗助长》的教学中，也有着较为明显的体现。首先是引导质疑释题，这是培养学生创造能力的有效方法。对文言文的理解没有过多地纠结于字义，运用了"代入"的方法，要学生联系课文内容，结合生活实际，借助以前读过的现代文的故事，能够自己猜出文言文中大部分字词的意思，这样能最大限度地调动学生的知识储备，以培养学生主动求索的精神和独立学习的能力。

其次是引导创造形象。为使学生深切感受和理解课文情境，引导展开丰富想象，还原具体形象，一是通过演一演引导学生将课文的语言文字还原成具体形象。二是展开丰富想象，创造新的形象。随机引导，促使学生拓展开来，创造新的形象，诸如儿子焦急的形象、农夫悔恨的形象、重整其鼓的形象。这些都能让学生在形象的想象创造中加深对课文内容的感受和理解，加强对寓言蕴含的感悟和挖掘。

最后引导学生进入情境，介入其中，谈看法，提建议，说感受。这样，能有效地调动学生的生活储备和知识积累，引发学生的学习兴趣和内在动力，激发学生的主动参与和自主求索精神，以浅化知识难点，活化课堂气氛，使学生在理解课文内容和领悟课文蕴涵的同时，培养其创新能力。

经过学生自身的感悟与类似主题的拓展阅读，加上结合生活实际，读写结合的目的就达到了。

四　评　研

评研1

教师融入学生中间，以一个朋友的身份激励学生，唤起学生对学习的自信心。在这样充满师生平等气氛的课堂上，学生不仅学会了知识，更学会了宽容、信任和民主。

评研 2

注重引导学生表达自己独特的见解和体验，倡导自主学习。老师注重学生无拘无束地表述自己的见解，不强求学生按自己的意思表达，尊重学生的个性，尊重学生的独特感受和见解。

评研 3

重点是对学生实践能力的培养，建设开放的课堂。让学生更多地直接接触语文材料，在大量的语文实践中掌握运用文言文的规律。既体验了文本的内涵，又让学生在课文原有材料的基础上进行拓展，使得生成与发掘成为学生的自主行为，让教学内容和要体现的内涵在课堂上得以延伸，使课堂教学的功能出现了倍增效果。

评研 4

注重了学生的实践性，让学生的学习转变为个性主动参与探究、参与创造、参与发现的过程。对于二年级学生来说文言文是有难度的，但教师巧妙又大胆地利用二年级教材中《寓言两则》中白话文来进行文言文的教学活动，为今后学习文言文打下基础，激发学生学习探究文言文的积极性。

评研 5

建立"大语文"观念，侧重培养学生的学习力。语文作为一种人文学科，它必然蕴含了各方面的知识。让学生结合生活中的实际及新闻热点进行思维的碰撞，从而培养学生正确的人生观、价值观等能力是刘博所期望的课堂。读写结合部分让学生做小诗人、小作家，从而培养他们的转化能力与体验能力。

塞翁失马

授课人　杨永艳

一 教学设计

教学目标

1. 正确朗读、理解寓言。
2. 理解塞翁失马的寓意（寓言内容）。
3. 深入思考对待得与失的态度。

教学重点及难点

1. 教学重点：理解塞翁失马的寓意。
2. 教学难点：深入思考对待得与失的态度。

教学结构导图

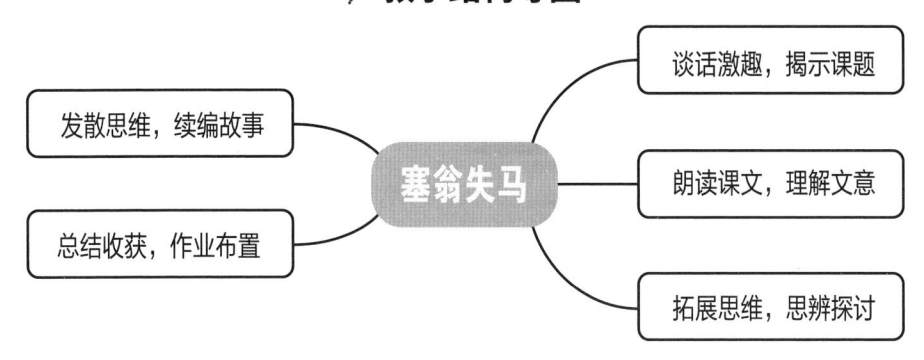

塞翁失马
- 谈话激趣，揭示课题
- 朗读课文，理解文意
- 拓展思维，思辨探讨
- 发散思维，续编故事
- 总结收获，作业布置

思维提升，问题列举

同是失马，为什么塞翁和大家的看法不一样？

教学过程

（一）谈话激趣，揭示课题

1. 甲骨文猜字意。

2. 揭示课题"塞翁失马"。

（二）朗读课文

1. 理解文意：让学生用自己的话述说寓言故事，自由朗读古文，读准字音，读通句子。

2. 学生自读：老师巡查，提出问题。

3. 熟读课文：结合注释理解文意，不懂的地方组内交流讨论，组间抽查展示，老师随机指导。

4. 交流启示：学生之间交流讨论，小组代表汇报。

5. 明确寓意：在学生汇报、启示的基础上，顺势引出寓言的寓意，明确寓言传达的道理。

（三）拓展提升，思辨探讨

1. 引用经典故事，文王拘而演《周易》、屈原放逐乃赋《离骚》、孙子膑脚编著《兵法》、仲尼厄（困顿）而作《春秋》。组内交流探讨：怎样把"祸"转化成"福"？

2. 联系实际生活，提出问题。如果你的同学平时不认真学习，在一次考试中成绩不理想，他反而高兴地说："没关系，这次没考好，下次就会考好了！"你觉得他的想法正确吗？为什么？

3. 读写结合：当遇到困难、碰到挫折时，我想对自己说……

（四）发散思维，续编故事

续编故事：在一定的条件下，福祸是可以相互转换的，坏事可以变成好事，好事也可以变成坏事，用这个道理续编故事。

（五）总结收获，布置作业

1. 生分享这节课收获。

2. 课后作业：寓言早在我国春秋战国时代就已经盛行，当时一些思想家把寓言当成辩论的手段。为了在政治主张上战胜对方，请结合历史想一想作者刘安想告诉我们什么？

板书设计

```
        塞翁失马
    ┌──┬──┬──┐
   失马 得马 折髀 保命
```

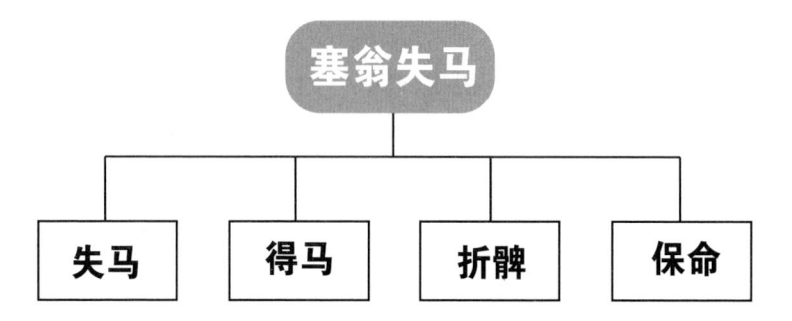

二 教学实录

谈话激趣，揭示课题

师：今天我们继续猜甲骨文，屏幕上这个甲骨文是什么？

生：手。

师：没错，是手。

师：下面还有两个与手有关的字，请大家猜一猜！

生：一个是手里得到东西，一个是手里失去东西。

师：所以一个是……

生：得！

师：另一个是……

生：失！

师：对，究竟是得好？还是失好呢？

生：得好，失不好！

生：不一定，如果得到的是不好的东西呢？例如病、坏习惯等。

生：是的，如果失去的是噩梦、战争不也是一件好事嘛！

师：到底是得好还是失好大家各有说辞，有一则寓言就告诉了我们结果。

（出示《塞翁失马》板书）

生：塞翁失马（齐读）。

师：让我们一起来看看古人的智慧吧！

朗读背诵，理解文意

师：你们从题目中看出了什么？

生：从题目中可以看出是讲一个边塞人丢马的故事。

师：我们昨天预习了这篇寓言，谁来用你的话复述这个故事？好，你来！（出示提示）

生：在边塞有个老人，他精通数术，一天他的马无缘无故地跑到胡人那里去了，邻居都跑来安慰他，塞翁的父亲说："怎么就不是一件好事呢？"

师：停，非常好，请用两个字概括所发生的事。

生：失马。

师：很好，这儿（指着其父）到底是谁？

生：是塞翁的父亲。

生：应该是塞翁，不然题目为什么叫塞翁失马呢？

师：这个问题留到后面再来解答。请下一个同学继续复述故事。

生：过了几个月，那匹马带着胡人的良马回来了，邻居都来祝贺他，他的父亲说："这怎么就不是一件坏事呢？"

师：非常好，请用两个字概括所发生的事。

生：得马、马回、马归。

师：得马与上面的失马相应，请坐。我们继续。

生：他家有很多好马，他的儿子喜欢骑马，结果从马上掉下来摔断了大腿。邻居都来安慰他。他的父亲说："这怎么就不是一件好事呢？"

师：请你用两个字概括所发生的事。

生：骨折！

师：真是乐极生悲呀！用文中的词是什么？

生：折髀。

生：过了一年，胡人大举入侵边境，年轻的壮丁都为保卫国家去战斗，结果大部分人都死了，只有他因摔断了腿没有去打仗，父子才保住了性命。

师：这儿又发生了什么？两个字。

生：保命。

师：（失马、得马、折髀、保命）从失马引发一系列的事可以看出——

生：福可以变成祸，祸可以变成福。

师：这则寓言大略讲述了这个故事，让我们回到原文看看故事的发展吧。请大家先自由朗读原文，读准字音，读通句子。

师：大家读得很认真，给大家5分钟时间，熟读课文，结合注释理解文意，不懂的地方组内交流讨论。讨论结束后各小组领一个事件上台展示。

（生交流讨论）

师：时间到，大家还有不懂的地方吗？

生："其父曰"的父到底是谁？

师：非常好，父是一个多音字，一个读fǔ，另一个读fù。读四声时是父亲的意思；读三声时是对老年男子的尊称。在本文中，"父"读三声，"其父曰"意思是这个老人说。谁能告诉大家这个老人是个什么样的人？并在文中找出来。

生：这个老人应该是塞翁。

生：他住在边境。

生：他还擅长数术。

生：他有个儿子，而且他儿子还喜欢骑马。

师：有这么多，大家观察得真仔细，从文中哪里可以看出？

生："近塞上之人，有善术者""家父良马，其子好骑"。

师：大家总结得很好，其父就是塞翁，其家住在靠近边境的地方，而且擅长于数术。

师：有几个地方需要大家注意，"人皆吊之"的吊是什么意思？

生：安慰。

师："此何遽不为福乎"中的此何遽怎么解释？

生：这怎么就。

师："居数月""居一年"中的居呢？

生：经过，经过几月、经过一年。

师：大家预习得非常棒，让我们按节奏齐读原文吧！

（出示原文节奏，生齐读）

师：请失马事件小组同学上台展示，分角色，用文言文还原情景。

（失马事件小组同学上台表演，其他同学倾听）

生1（塞翁）：吾家居住靠近塞上，且精通术数。某日吾马无故亡而入胡。

生2、3、4（邻居）：（面露忧色）吾等皆往安慰塞翁，世事无常，勿要悲伤；塞翁兄亡马实属祸事，但切勿忧，吾等马皆可用之；塞翁兄勿要过度悲伤。

生1（塞翁）：（手抚胡须，面带微笑）此何遽不为福乎？

师：表演得非常到位，其他同学有没有疑问或补充？

生：老师，塞翁丢了马，难道真的不悲伤吗？

师：塞翁为什么不悲伤，谁知道其中的原因呢？

生：塞翁看到了事件的后期发展。

师：好，后期的发展怎样呢？

（示意下一组开始）

生1（塞翁）：（手抚胡须看着前方）居数月，吾马带领胡马归来。

生2、4（邻居）：（面露欣喜之色）吾等皆往恭贺塞翁，贺喜塞翁兄喜添良马。

生1（塞翁）：（手抚胡须，平静地说）此何遽不能为祸乎？

生3、4（邻居）：（不理解地窃窃私语）尔疯癫乎，福说成祸，喜极否？

师：为什么塞翁得到了良马却不惊喜？这个问题暂不回答，请下一组继续。

生1（塞翁）：吾家有良马数匹（面露喜色），吾儿好骑（转喜为忧），一日从马上堕下折断了大腿（叹息地摇摇头，继而又微微点点头）。

生3、4（邻居）：（面露痛苦之色）折髀此等大事吾等皆来安慰塞翁，小子怎这等不小心（边说边摇头叹息）；小子折髀实乃不幸，不可太过于悲伤啊（无奈轻拍塞翁肩头）！

生2：（心中窃喜，看你良马还多不多，却面露忧色道）何其不幸，何其不幸。

生1（塞翁）：（手抚胡须，面无表情）此何遽不为福乎？

师：邻人何其悲伤，为什么塞翁却没有，不奇怪吗？请继续。

生1（塞翁）：时间匆匆一年已过，忽闻边塞胡人大举入侵，战火燃烧到整个边界。年轻的壮丁都去保卫家园，参加保卫战斗（情绪激昂）。

战事不容乐观,战士大部分为国捐躯(悲痛)!(悲愤之心久久不能平息,回头看了看跛脚的儿子,有点庆幸)因为儿子摔断了腿,我又太老却双双保全了性命啊!

生2、3、4(邻居):大家都沉浸在丧子之痛中(垂头丧气)。

师:大家表演得栩栩如生。

(板书)从这个由失马而产生的一系列的事件中我们可以看出——

生:福可以转变成祸,祸可以转变成福,真是微妙玄通呀!

师:我们都知道寓言的特点(大屏幕)。

生:(齐读)寓言是用比喻性的故事来寄托意味深长的道理,给人以启示的文学体裁,字数不多,但言简意赅。故事的主人公可以是人,也可以是拟人化的动植物或其他事物。该词最早见于《庄子》,在春秋战国时兴起,后来成为文学作品的一种体裁。

师:这则寓言的寓意是……

(示意举手)

生:在一定的条件下,福祸是可以相互转换的,坏事可以变成好事,好事也可以变成坏事。

拓展思维,思辨探讨

师:邻人的看法是错的吗?为什么塞翁每次与邻人的看法都不一样呢?

生1:邻人的看法是错的,不然怎么每次都变成了好事呢?

生2:是呀,如果对了,为什么每次坏事都变成了好事,好事又变成了坏事呢?

师:我也觉得很奇怪,大家回到原文找找(出示原文)。

师:失马是好事还是坏事,是福还是祸?

生1:是坏事。

生2：如果是坏事，为什么塞翁却说是好事，而且确实变成了好事呀！

生3：马无缘无故丢了的确是坏事呀，如果你的钱丢了，你难道还认为是一件好事吗？

生2：丢马与丢钱都不是好事，但后来都变成了好事呀！

师：这位同学说的没错，他提到了"后来"两个字。在原文中找出体现后来的句子。

生：居数月，居一年。

生：折其髀也是在有良马以后发生的。

师：所以邻人说失马是祸是什么时候的事？

生1、2、3：现在、当下、眼前看到的。

师：塞翁看到的是什么时候的事？

生1、2、3：居数月以后、过了一段时间、丢马以后，不是丢马当时。

师：失马是福还是祸呢？

生：是福也是祸，当下是祸，以后就变成福了。

师：失马由祸变成福，最大的原因是失马这件事还在——

生1、2、3：还在发展中、还在进行中，只有在发展中才能由祸变成福，才能由福变成祸，不停地转换中。

师：你们真棒，都是小小哲学家了。是的，事物在不停地发展过程中转换着福与祸，如同老子所说："福兮祸所伏，祸兮福所倚，孰知其极？"由这则寓意中概括出一个成语：塞翁失马——

生：焉知非福。

发散思维，续编故事

师：如果你的一个同学平时不认真学习，一次考试成绩不理想，他反而高兴地说："没关系，这次没考好，下次就会考好了！"你们觉得他的想法正确吗？为什么？举你生活中由祸变成福或由福变成祸的例子。

生1：不正确，例如从这次的考试成绩中就可以知道自己的弱点在哪里，如果不改正下次还会错，并不会给我加分。

生2：而且后面的题可能也不会做，成绩会越来越差。

师：怎样才能把祸变成福呢？

生1：找出错处并马上改正，成绩才能提高！

师：非常好！大家会从失败中吸取教训，让祸变成福！

看看古人是怎样把祸变成福的（组内讨论）：文王拘而演《周易》、屈原放逐乃赋《离骚》、孙子膑脚编著《兵法》、仲尼厄（困顿）而作《春秋》。

生1：他们都很积极、很乐观，不被困难打倒！

生2：他们处在任何环境下都能找到自己想做的事！

师：谁能根据这则寓言续编故事？

生3：塞翁的儿子帮助照顾所有因参战失去壮丁的家庭，一起劳动重振家园。

生4：塞翁和他的儿子收留了所有的孤儿，让他们健康长大。

生5：塞翁和他的儿子为了躲避战争卖掉了他们的马匹，迁徙到了内地成了有名的商人。

生6：他们也许在迁徙的路上遇到了土匪丢了性命。

师：大家的故事非常精彩，而且随着时间的推移故事可能会——

生（齐）：由福变成祸，由祸变成福。

总结收获，布置作业

师：说说这节课你学会了什么？

生1：我学会了事物是在发展中不停地变化的道理。

生2：我学会了要用积极的心态看待事物的发展。

生3：我学会事情发生了不要慌。

师：很高兴大家能有那么多收获，回家后跟家人讨论这则寓言，把你续编的故事讲给你的家人听。最后给大家留一个思考题：寓言早在我国春秋战国时代就已经盛行，当时一些思想家把寓言当成辩论的手段，是为了在政治主张上战胜对方。请结合历史阐述，作者刘安想告诉我们什么？下课。

三 教学反思

在课前导入环节，通过利用"手"字的演变，从甲骨文开始溯源，增加学生对"得""失"两个字的理解。通过"得"和"失"，学生很容易进入课题《塞翁失马》。通过结合注释及小组合作，学生初步理解了文意，对寓言有了自己的理解。借助老师在黑板上给出的问题提示，学生很容易就能把文本理解下来。在此基础上学生说寓言给自己的启示就比较接近寓言的寓意了。这时老师给出寓意，学生在理解寓意的基础上再进行思辨就更准确。通过与补充材料的对比阅读，拓宽思路，启发学生思考"塞翁失马"是祸还是福。

整堂课学生对文本研究兴趣极高，讨论比较热烈，对于"塞翁失马"是祸是福，怎样把祸转变成福，每个人都有自己的理解和收获。

当然这堂课也有些许不足。《塞翁失马》出自西汉思想家刘安的《淮南子·人间训》。《塞翁失马》典故是一个循环往复极富戏剧性的故事，表明了祸与福的对立统一关系，揭示了"祸兮福所倚，福兮祸所伏"的道理。如果单从哲学角度去看，这则成语体现了矛盾普遍性原理，启发人们用发展的眼光辩证地去看问题：身处逆境不消沉。寓意的深度理解对四年级学生而言稍有难度，后半节对谈论展示的不充分，时间不够充足。今后的教学中要更好地做好"备课""备学生"的备课准备。

四 评 研

评研 1

杨永艳老师执教的《塞翁失马》，课堂氛围轻松愉悦，杨老师极具亲和力的教态给人留下了深刻的印象。学生在讨论、表演中理解古文、体会人物心理、研讨寓意，在角色转换之间体会眼光不同能产生对事物截然相反的态度，从而懂得遇事应眼光长远，摆正心态的道理。

评研 2

杨永艳老师的课，带领四年级的孩子们一句一句翻译《塞翁失马》的文言文，难度很大，但杨老师特别有耐心，很不容易。后面让学生演这个故事，感觉不是特别恰当。这个里面对话不多，不好演。建议可以通过反复的问答来让学生熟悉文本，理解内涵。

评研 3

设计巧妙，环环紧扣，从甲骨文的引入到板书的安排处处透露出备课时的用心。随时引导学生归纳总结，抓关键语句，让学生对文言文的理解更深入透彻。针对文本特点，抓住"祸"和"福"之间的矛盾与联系，引燃学生的兴奋点，潜心投入文本中，是这节课的一个亮点。

评研 4

以读为本，是语文教学的基石，应当贯穿于课堂始终。本班是特色的国学班，本课如果再多一些方式朗读，更能帮助学生在潜移默化中提升文言文的语感意识。

自相矛盾

授课人 杨成艳

一、教学设计

教学目标

1. 了解"自相矛盾"这个成语的含义。

2. 通过"自相矛盾"这个成语，培养学生思考"矛盾"给社会带来的变革。

教学重点及难点

1. 教学重点：

（1）通过讨论不断挖掘寓言故事所揭示的道理。

（2）以矛盾带来进步为切入点，续写《自相矛盾》。

2. 教学难点：多角度思考"矛盾"对社会进步具有巨大推动作用。

教学结构导图

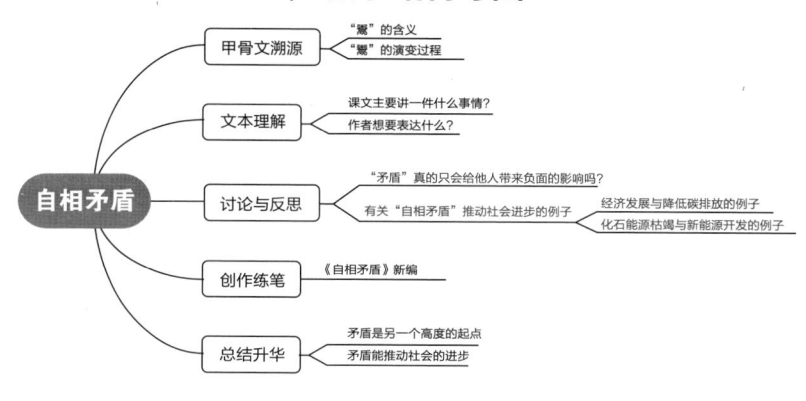

- 自相矛盾
  - 甲骨文溯源
    - "鬻"的含义
    - "鬻"的演变过程
  - 文本理解
    - 课文主要讲一件什么事情？
    - 作者想要表达什么？
  - 讨论与反思
    - "矛盾"真的只会给他人带来负面的影响吗？
    - 有关"自相矛盾"推动社会进步的例子
      - 经济发展与降低碳排放的例子
      - 化石能源枯竭与新能源开发的例子
  - 创作练笔
    - 《自相矛盾》新编
  - 总结升华
    - 矛盾是另一个高度的起点
    - 矛盾能推动社会的进步

教学过程

（一）甲骨文溯源，解析题目

出示甲骨文。

师：同学们，谁认识这个字？

（预设）生：老师这个字中有米，好像是跟煮饭的容器有关。

师：同学猜得很接近这个字的原始字义。这个字两边像波浪一样的线条代表水汽，米下面这个字跟煮饭的容器有关，同学们请看（出示课件）。

（预设）生：我知道，这是一种煮饭的容器，叫作鬲。

师：结合老师刚刚的提示，同学们猜猜这个字的含义是什么。

（预设）生：老师，这个字是代表粥的意思。

（二）小组讨论，理解寓意

师：请同学们翻开书，请同学们齐读课文《自相矛盾》。

（学生读课文，老师巡视）

师：同学们朗读得非常准确！有哪位同学可以借助注释翻译一下文章？

（学生讲述）

师：讲述得非常精彩。请大家根据课件的提示说出相关的内容：谁？职业？做了什么？后来发生了什么？结果？结论？

师：同学们说得很准确，请同学们根据提示的内容在3分钟内试着背诵这则寓言。

（学生背诵，老师巡视）

师：有谁愿意给大家展示一下自己的背诵。

（学生背诵，老师点评）

师：同学们背诵得非常好。好，接下来我们讨论这篇寓言阐述了一个什么道理？

生1：说话、做事要实事求是，不能言过其实。

生2：凡事要三思而后行，不能乱说话。

生3：说话或者办事要前后一致，免得之后不能自圆其说。

师：同学们都总结得非常准确。现在这个卖兵器的商人已经处于非常尴尬的境地了，你有什么办法能够使商人摆脱这个困境呢？

生：用自己的矛和盾对比竞争对手的兵器，这样可以体现产品的优越性。

师：非常好，解决矛盾的方法之一就是——避免矛盾（板书）。

生：要不然就干脆用自己的矛和盾互相刺一下，看哪个兵器厉害。

师：对了，我们还可以用追求事实的真相去解决矛盾（板书：追求真相）。

生：去不同的地方卖不同的兵器，这样其他人也不知道之前发生了什么。

师：这也是一种避开矛盾方法。

生：要不，矛和盾作为一套兵器出售。

师：允许矛盾共存（板书：共存）。

生：那就做产品升级，这样一来商人的产品永远都有竞争力。

师：让矛盾相互促进。

（三）提出问题，讨论反思

师：同学们的发言非常精彩。那矛盾给咱们的生活带来了哪些积极意义呢？请看你们手中的材料。小组成员合作，找出材料中的矛盾所在，并以此为契机讨论怎样解决这些矛盾。

（小组讨论，老师巡视）

2021年12月27日消息，据中国汽车工业协会统计分析，2021年1—11月，汽车销量排名前十位企业共销售汽车2019.8万辆，占汽车销售总量的86.0%。2021年1—11月，在汽车销量排名前十位企业中，与上年同期相比，上汽、一汽、东风和北汽销量有所下降，其他企业均呈增长，其中比亚迪、奇瑞、长安和长城增速更快。

2021年，中国汽车销售规模连续13年居全球首位，全年二手车交易量创历史新高。

截至2022年9月底，全国机动车保有量达4.12亿辆，2022年前三季度，全国新注册登记机动车2621万辆，其中汽车1740万辆。

福田汽车2022年1月10日发布产销数据快报，2021年12月，汽车产品销量37368辆，同比下降31.72%。其中，新能源汽车销量1686辆，同比增长21.82%。

2021年，我国新能源汽车销售完成352.1万辆，同比增长1.6倍，连续7年位居全球第一；搭载组合辅助驾驶系统的乘用车新车市场占比达到20%。

据公安部统计，截至2022年6月底，全国机动车保有量达4.06亿辆，其中新能源汽车1001万辆。

2022年10月，据新华网报道，在党的二十大新闻中心举行的第五场记者招待会上，生态环境部党组成员、副部长翟青表示，2021年，全国新能源汽车产销量居世界第一。

生：这份材料是有关我国汽车产业发展与能源危机的矛盾。我国是汽车生产大国、汽车出口大国、汽车销售大国，但是我

国的石油产量不足以长时间地维持国内汽车的使用。一方面，我们要大力发展汽车产业；另一方面，我们又要节约能源。

同学们总结得非常好，那么在名人眼中什么是矛盾呢？请同学们齐声朗读：

> **名人名言**
>
> 矛盾是一切事物发展的动力。
>
> ——〔法〕路易·阿尔都塞
>
> 生命在于矛盾，在于运动，一旦矛盾消除，运动停止，生命也就结束了。
>
> ——〔德〕歌德
>
> 矛盾推动生活前进，而活的矛盾要比人的理智对它的最初感觉更丰富、更多种多样、更富有内容。
>
> ——〔德〕黑格尔

（四）编写故事

老师：同学们，请大家开动脑筋为楚国的这个商人改写一个结局吧！

（五）联系生活，总结收获

师：所以矛盾是带来社会变革的契机。我们要正确地看待矛盾。那么，古人眼中的矛盾真的只是负面的吗？我们去了解一下。《自相矛盾》选自《韩非子·难一》。作者韩非子是战国时期法家代表人物。战国时期是一个百家争鸣的时代，是我国历史上思想和文化最为辉煌灿烂的时期。韩非子最擅长用故事去阐述自己的观点。《自相矛盾》是韩非子借助故事揭露了儒家文士"以文乱法"的思维矛盾。从中我们可以看出战国时期各家之间通过辩论的方式完善自家的学说。这也是一种在矛盾中促进彼此进步的体现。通过本节课的学习，我们了解了矛盾对于我们生活的重要性，更知道了矛盾可以带来社会的进步。

板书设计

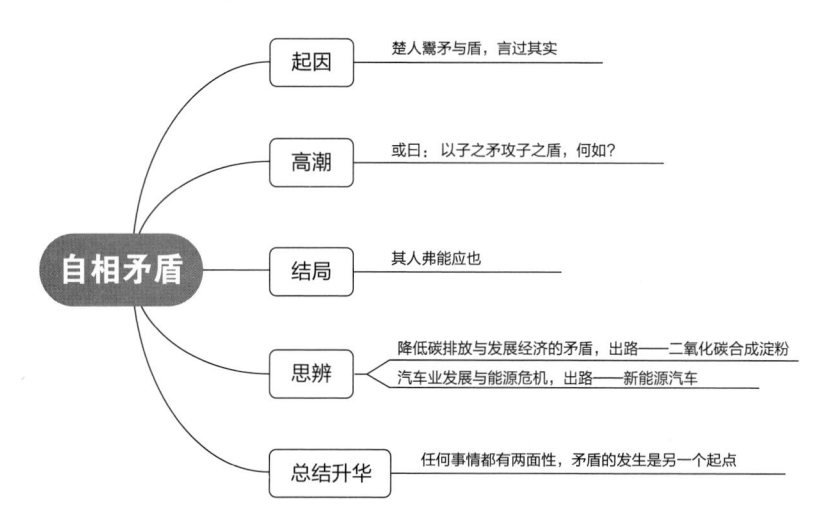

```
           ┌─ 起因 ──── 楚人鬻矛与盾，言过其实
           │
           ├─ 高潮 ──── 或曰：以子之矛攻子之盾，何如？
           │
 自相矛盾 ──┤─ 结局 ──── 其人弗能应也
           │
           │           ┌ 降低碳排放与发展经济的矛盾，出路——二氧化碳合成淀粉
           ├─ 思辨 ────┤
           │           └ 汽车业发展与能源危机，出路——新能源汽车
           │
           └─ 总结升华 ─ 任何事情都有两面性，矛盾的发生是另一个起点
```

二 教学实录

（一）甲骨文导入

师：同学们，屏幕左边这是一个汉字的小篆体，右边的图片是这个字的含义。哪位同学可以借助右边的图片将这个汉字的含义解释一下？

生：这个字的上半部分是米，下半部分是一个容器。我猜这个字是将大米放在容器中煮粥的意思。

师：那两旁的两条曲线代表什么呢？

生：水加热会出现水汽，这两条曲线可能是代表煮粥时出现的水汽。

师：有关这个三脚的容器，有哪位同学可以讲解一下？

生：这个容器叫作鬲（lì），是古代的一种食器。

师：三位同学说得很准确，这个字念lì。这个字原本的含义就是粥。粥是鬻的异体字，后来人们把两个字做了分工，"粥"专指饮用的五谷食物。而"鬻"假借为卖的意思。提到"卖"，本学期有一篇文章就跟"卖"有关，同学们知道是哪一篇吗？

生：《自相矛盾》。

师：请同学们翻开书，请同学们齐读课文《自相矛盾》。

（生读课文，老师巡视）

（二）小组讨论，理解寓意

师：同学们朗读得非常准确！有哪位同学可以借助注释翻译一下文章？

生：楚国有一个卖兵器的人，到市场上去卖矛和盾。好多人都来看，他就举起他的盾，向大家夸口说："我的盾，是世界上最坚固的，无论怎样锋利尖锐的东西也不能刺穿它！"接着，这个卖兵器的人又拿起一支矛，大言不惭地夸起来："我的矛，是世界上最尖利的，无论怎样牢固坚实的东西也挡不住它一戳，只要一碰上，马上就会被它刺穿！"他十分得意，便又大声吆喝起来："快来看呀，快来买呀，世界上最坚固的盾和最锋利的矛！"这时，一个看客上前拿起一支矛，又拿起一面盾牌问道："如果用这矛去戳这盾，会怎样呢？""这——"围观的人先都一愣，然后爆发出一阵大笑，便都散了。那个卖兵器的人，扛着矛和盾灰溜溜地走了。

师：同学们的讲述非常精彩。请同学们根据老师在课件上的提示，去说出相关的内容。

（课件出示：谁？）

生：楚人。

（师继续出示课件：职业）

生：鬻盾与矛者。

（出示课件：做了什么？）

生：誉之曰："吾盾之坚，物莫能陷也。"又誉其矛曰："吾矛之利，于物无不陷也。"

（师出示课件：发生了什么？）

生：或曰："以子之矛，陷子之盾，何如？"

（师出示课件：结果）

生：其人弗能应也。

（师出示课件：结论）

生：夫不可陷之盾与无不陷之矛，不可同世而立。

师：好，咱们根据刚刚的提示，一起试着背诵一下课文。

（生背诵）

师：这篇寓言阐述了什么道理呢？

生：说话、做事要实事求是，不能言过其实。

生：凡事要三思而后行，不能乱说话。

生：说话或者办事要前后一致，免得之后不能自圆其说。

师：同学们都总结得非常准确。现在这个卖兵器的商人已经处于非常尴尬的境地了，你有什么办法能够使商人摆脱这个困境呢？

生：商人可以购买其他商家的矛和盾，用自家的矛刺穿他人的盾，用自家的盾抵挡他人的矛。这样就能显示出自家兵器的优越性。

师：非常好，解决矛盾的方法之一就是——避免矛盾（板书）。

生：还可以用矛去刺盾，这样也就知道哪个兵器是最厉害的。

师：对了，我们还可以用追求事实的真相去解决矛盾。

（板书：追求真相）

生：商人可以将矛和盾分开两地去卖。

师：这也是一种避开矛盾方法。

生：商人可以在试出自家兵器强弱后，将矛和盾捆绑式销售。

师：允许矛盾共存。

（板书：共存）

生：商人可以不停地做产品升级。

（三）提出问题，讨论反思

师：让矛盾相互促进（板书：相互提高），同学们的发言非常精彩，那矛盾给咱们的生活带来了哪些积极意义呢？请看你们手中的材料。小组成员合作，找出材料中的矛盾所在，并以此为契机讨论怎样解决这些矛盾。

（小组讨论，老师巡视）

生：这份材料是有关我国汽车产业发展与能源危机的矛盾。我国是汽车生产大国、汽车出口大国、汽车销售大国，但是我国的石油产量不足以长时间地维持国内汽车的使用。一方面，我们要大力发展汽车产业；另一方面，我们又要节约能源。

师：同学们都找到了这则材料的矛盾点，请看补充材料。看一看我国是怎样解决这个矛盾的。

生：大力发展新能源汽车，不仅减少了化石能源对环境的污染，还促进了我国的产业升级，避免了能源危机。

师：同学们总结得非常好！那么名人眼中的矛盾是什么呢？

（出示课件，学生齐读）

（四）编写故事

师：同学们，请你给这个故事改编一个结局吧！你想怎样改编呢？

生1：我想利用转移矛盾的方法，让楚国人换一个地方卖自己的产品。

生2：我想让他知道胡言乱语的后果，还是试验一下自己的矛和盾哪个厉害。

生3：还是让楚国人做一个产品升级吧，楚国人也为中国的武器事业做了贡献。

（五）联系生活，总结收获

师：所以矛盾是带来社会变革的契机。我们要正确地看待矛盾。那么，古人眼中的矛盾真的只是负面的吗？我们去了解一下。《自相矛盾》选自于《韩非子·难一》。作者韩非子是战国时期法家代表人物。战国时期是一个百家争鸣的时代，是我国历史上思想和文化最为辉煌灿烂的时期。韩非子最擅长用故事去阐述自己的观点。《自相矛盾》是韩非子借助故事揭露了儒家文士"以文乱法"的思维矛盾。从中我们可以看出战国时期各家之间通过辩论的方式完善自家的学说。这也是一种在矛盾中促进彼此进步的体现。通过本节课的学习，我们了解了矛盾对于我们生活的重要性，更知道了矛盾可以带来社会的进步。今天的课就到这里，下课！

三 教学反思

《自相矛盾》是一篇古文言文，文字极其简练，但内容十分生动，人物刻画惟妙惟肖。所蕴含的道理既简单明了，又颇能让人体会到其中深层次的韵味。虽然《自相矛盾》出自两千多年前的古籍，但是对于现今社会也有指导意义。因此，在设计这堂课时，我的重点放在古代文章对于现代人的启示这方面。

（一）导入环节

以小篆体"鬻"来引出课文，让学生们的思路自然地转入古文的学习中。

（二）初读课文，理解文章大意

在这个环节，老师要求学生将文章读通读顺读懂，并能用自己的

话说出寓言的大意。

（三）讨论反思

这一环节老师以提问的方式把学生引入情景中去，老师设计了3个问题，由浅入深，循序渐进，把学生带入更深层次的学习中。学生在小组讨论中寻找答案，在思辨中去探寻矛盾的更深含义。再结合老师提供的材料，了解矛盾对于我国现阶段经济发展的促进作用。

（四）总结升华

在充分了解了矛盾的积极作用后，回归本则寓言的写作初衷。结合当时的写作背景，去了解战国那段百家齐放的时代，体会那个时期矛盾对于诸子百家学说的推动作用，进一步体会传统文化的魅力。

（五）不足之处

这节课的教学，从总体上来说达到了课前的预期目标。学生们扎实地掌握了基本知识，对于文章的理解也很透彻。尤其是思辨环节更是有精彩的课堂生成。孩子们的课堂参与度非常高，讨论的话题也很深入，教学效果还是不错的。但是，由于时间安排不够妥当，课堂上没有给予学生足够的展示时间；在思辨环节，也没有给学生足够时间去追问和启发，导致许多话题浅尝辄止。这是本堂课的不足之处，我会在今后的课堂教学中多加注意，争取把自己的语文课上得更好！

四 评研

评研1

这节语言教学课整节课学生的情绪高涨，兴致勃勃。杨老师在教学新知时循循善诱，让学生学习起来毫不费力，发挥了学生的主动性，教学设计很好，引导得也很到位，同时让学生体会到所学知识与生活的紧密联系。

评研 2

本堂寓言课有"创新"和"创意"。老师能够活用教材，爱想点子。新课改的理念体现得很突出。杨老师以学生熟悉的社会热点提出问题，激起学生学习的兴趣，进一步体会到语言学习与现实生活是紧密联系的，知识来源于生活，并在生活中得以应用。

评研 3

杨老师在课堂上组织学生讨论，通过学生的相互交流、互相补充，让学生深刻理解其中的道理。在合作交流的氛围中，解除困惑，在亲身体验和探索中解决问题，理解和掌握基本的逻辑知识、技能和方法。这充分体现了课堂上以学生为主体，老师为主导这一原则。

评研 4

杨老师语言优美，仪表大方，课堂中能充分利用学生的心理特点，创设学生喜爱的教学情境。不仅如此，杨老师的教学环节紧凑，合理把握重点，突破教学难点。在讲授时语言精练，教学环节过渡自然，过程由浅入深，教学方法也是灵活多样。

评研 5

杨老师在教学过程中非常注重引导学生如何学、如何做，目的是帮助学生学习，教学目标非常明确，而且学案切合学生实际，课件的制作非常实用。并且本课的知识呈现方式多元化，文本的利用很到位，学生自主学习的时间充分，问题有层次，互动效果好。

曲突徙薪

授课人　杨翊韬

一、教学设计

教学目标

1. 正确熟读寓言。
2. 理解寓言的含义。
3. 思辨1：焦头烂额和曲突徙薪的功劳分别是什么？主人如何避免火灾的发生？
4. 思辨2：探讨事前预防与事后补救的重要性。

教学重点及难点

1. 思辨1：焦头烂额和曲突徙薪的功劳分别是什么？主人如何避免火灾的发生？
2. 思辨2：探讨事前预防与事后补救的重要性。

教学结构导图

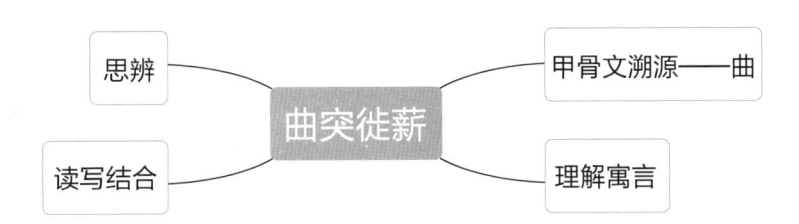

```
       思辨                       甲骨文溯源——曲
              \             /
               曲突徙薪
              /             \
       读写结合                   理解寓言
```

思维提升，问题列举

1. 焦头烂额和曲突徙薪的功劳分别是什么？
2. 主人如何避免火灾的发生？
3. 《司马光砸缸》的故事属于"曲突徙薪"还是"焦头烂额"？

读写结合模板

当主人把曲突徙薪者请来后，对他说：_____。

对焦头烂额者，他说：_____。

教学过程

（一）甲骨文溯源，激发识字兴趣

| 甲骨文 | 金文 | 战国文字 | 篆文 | 隶书 | 楷书 |

曲，象形字。将烧软的竹子揉折变弯，形成弧形框架，像器具一样凹曲以承载物品。

（二）齐读齐吟

1. 读准节奏和字音，学生齐读。
2. 正音正节奏。
3. 学生集体吟诵，带着感情，体会文意。

（三）疏通文意，解释字词

1. 认识文中通假字（不、息、乡、亡）和重点成语（焦头烂额）。
2. 科普知识：以视频介绍弯型烟囱不易着火的原理。

（四）理解课文，演绎课文

小组按要求表演课文：定角色、用原文、要有动作和表情。

（五）小组上台表演

提问1：主人听了客人的回答后，为何"嘿然不应"？他心里在想些什么？各位"主人"，你们是如何想的？

提问2：火灾"幸而得息"之后，面对这场惊险的灾难，"主人"你现在有什么感想？

（六）探讨课文，思维提升

1. 思辨——求是。

提问1：焦头烂额和曲突徙薪的功劳分别是什么？主人如何避免火灾的发生？

各小组分别说一说自己的讨论结果。

2. 思辨——求非。

师：曲突徙薪者的功劳是最大的吗？焦头烂额者就是狼狈和愚笨的吗？

生1：也不一定，如果没有焦头烂额者去帮忙，那主人的命都没了，他们冒着生命危险，英勇就义，很重要啊！

师：所以他们是在火灾发生的事情之后，采取行动对吗？

生：是的，事后救火。

师：属于"事后补救"。

生2：我觉得曲突徙薪的人更有智慧，他提前就发现了隐患，如果主人听他的，就能够避免火灾，这不是更好？

师：嗯，所以他在事前就……

生2：就发现和提出了预防方案。

师：是的，这属于"事前预防"，叫"防患于未然"。

3. 举例对照。

师：请大家吟诵我们学过的小古文《司马光砸缸》。想一想：司马光属于是"曲突徙薪"还是"焦头烂额"？

生1：焦头烂额，事后补救型。

师：就像《司马光砸缸》的故事一样，生活中充满着未知，计划常常赶不上变化，我们能够什么事情都预料到吗？

生：不能。哪怕我们做了打算，很多突发情况，我们也想不到，比如……

师：那我们对于已经发生的事情，能给出的最好反应有哪些呢？

生：事后进行及时的补救，像司马光一样，他救了朋友的命。针对不同情况，做出不同的反应。

师：很好！如果你是司马光，你能用"曲突徙薪"的思维来帮助他和朋友们提前预防，从而躲过灾难吗？

生1：我会提前跟伙伴们说，这里有个大水缸，太危险了，我们去别的地方玩吧。

生2：我们可以提前把水缸里的水放掉，再一起玩。

4.总结归纳。

师：很好，同学们，生活不是一成不变的，面对不同的状况，我们应该采取不同的方法来应对，这两种方式都是可取的。事前能想到的我们就提前预防，做多手准备；如果事情已经发生，我们也坦然接受，积极地应对和补救。如果怀着这样的心态，我们才能够在人生的道路上随机应变，不断成长，一路通关！

（七）布置作业

任务一：请以"事前预防"的思维来改编故事。

任务二："主人寤而请之"之后，他会分别对"曲突徙薪"的人和"焦头烂额"的人说些什么？请续写故事。

板书设计

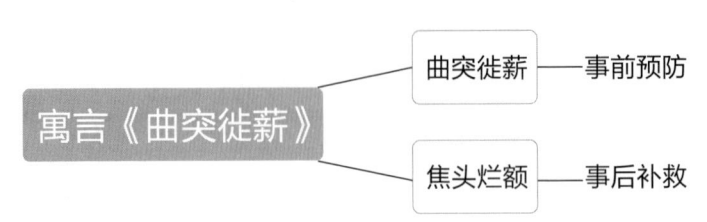

寓言《曲突徙薪》 ── 曲突徙薪 ── 事前预防
　　　　　　　　└── 焦头烂额 ── 事后补救

二 教学实录

师：同学们，现在老师出示一个汉字的演变过程，大家来认一认，这是哪个字？

生：曲。

师：你们是怎么认出来的呢？

生：因为甲骨文的形状就是弯曲的，到了隶书就跟现在的字很接近了。

师：很好，同学们一下就猜出来了。曲是象形字，是将烧软的竹子揉折变弯，之后作为器具凹曲来载物，所以引申为"弯曲"。大家知道吗？这个字它有两个读音，一个是曲（qǔ），我们用它来组个词语。

生1：歌曲。

生2：曲调。

师：很好，在本文中，它读另一个读音"曲"（qū），是弯曲的意思。所以我们今天的寓言故事题目叫——

生（齐）：《曲突徙薪》。

师：我们在上节课中已经疏通过文意了。谁来解释这个题目的意思？

生：使烟囱弯曲，把柴火移走。

师：好，说得很准确。现在请同学们看着文本来齐读一遍，要求读准字音，字正腔圆。

生（齐读）：客有过主人者，见其灶直突，傍有积薪。客谓主人："更为曲突，远徙积薪；不者且有火患。"主人嘿然不应。俄而，家果失火，邻里共救之，幸而得息。于是杀牛置酒，谢其邻人，灼烂者在于上行，余各以功次坐，而不录言曲突者。人谓主人曰："乡使听客之言，不费牛酒，终亡火患。今论功而请宾，曲突徙薪亡恩泽，焦头烂额为上客耶？"主人乃寤而请之。

师：同学们读得很好，下面请大家带着感情再来吟诵一遍。

（生齐吟）

师：同学们吟得声情并茂，大家在吟诵时有没有发现，这篇寓言中出现了一些字，它的读音是不是跟我们常见的不一样？有哪些呢？

生1：不、嘿。

生2：息、乡、亡。

师：是的，文中的"不"通"否"、"嘿"通"默"、"息"通"熄"、"乡"通"向"、"亡"通"无"，这些字是用读音或字形相同、相近的字来代替本字，在古书中经常使用，它们叫"通假字"。同学们，在文中还出现了一个现在常用的成语——焦头烂额。根据我们对本文的学习，请说说它在文中是什么意思。

生：因为救火，有人的头被烧焦了，额头也被烧烂了。

师：是的，这是它的字面意思。后来就引申指遇到事情之后非常狼狈窘迫，忙得不知如何是好，那样的状态就叫"焦头烂额"。

师：好，现在同学们对于文意还有没有什么不明白的地方？

生：老师，为什么那个客人说要把直的烟囱改为弯的烟囱呢？这样真的会比直烟囱更安全吗？

师：这个同学问得好，很有探究精神。老师给你们出示一个视频，它从科学角度来为我们解释为什么弯的烟囱更安全（播放视频）。

师：现在同学们了解了吗？

生：嗯，了解了。

师：好，现在请同学们以小组为单位，用原文来把这个故事讲一遍，边讲边表演，要求根据原文，要有角色分配，同时带有动作和表情，3分钟小组排练开始。

（生分组排练）

师：好，时间到了，刚刚看到各小组都很积极地在组织排练，不管排练得如何，接下来就看大家的发挥了，哪一组愿意先上来表演？好，这两组同学一起来，请大家给他们一些掌声。

生（表演）："客有过主人者，见其灶直突，傍有积薪。客谓主人：'更为曲突，远徙其薪；不者且有火患。'主人嘿然不应。"

师：这里我要停下来问了，同学们，主人此时"嘿然不应"，他心里在想什么呢？

生1：他不想听劝。

生2：他不相信那个人的话。

生3：觉得这客人多管闲事。

师：好，你们道出了主人的心声。同学们咱们接着往后演。

生（表演）："俄而，家果失火，邻里共救之，幸而得息。"

师：在这里老师又有疑问了，当火熄灭之后，此时你们就是主人，你心里又是怎么想的？

生1：早知道就该听那位客人的了。

生2：幸好没死，保住一命。

生3：得谢谢那些帮我救火的人啊！

师：嗯，主人跟前面的想法不同了。好，我们继续往下看。

生（表演）："于是杀牛置酒，谢其邻人，灼烂者在于上行，余各以功次坐，而不录言曲突者。人谓主人曰：'乡使听客之言，不费牛酒，终亡火患。今论功而请宾，曲突徙薪亡恩泽，焦头烂额为上客耶？'主人乃寤而请之。"

师：好，谢谢你们的表演。那么同学们文中有一句关键的话："乡使听客之言，不费牛酒，终亡火患。今论功而请宾，曲突徙薪亡恩泽，焦头烂额为上客耶？"这句话表达了什么意思？

生1：有一个人给他说，要是你以前听那位客人的话，火患就不会发生了，你也就不用杀牛办酒请客了。

生2：后面一句的意思是，现在你以别人立了功来请客，你没有请曲突徙薪的人，却只请了那些因救火而焦头烂额的人。

生3：今天主人你论功行赏，为什么原来早就给你提醒要曲突徙薪的客人，你没有算他的功劳，而这些因救火灾而烧伤的人，反而算是头等功，要尊为上客呢？

师：对啊，同学们，你们认为这个人说得有道理吗？那些为救火"焦头烂额"的人与一开始建议"曲突徙薪"的人，他们的功劳分别是什么？主人应如何避免火灾的发生？

小组讨论两分钟。开始！

（小组讨论）

生1：曲突徙薪者的功劳在于，他一开始就发现了问题，并跟主人提了出来，只不过主人没听他的。

生2：是的，如果主人听了，就可以避免这场火灾了。

生3：焦头烂额者的功劳在于，他们在火灾发生后，第一时间冒着生命危险去帮助主人灭火，甚至都被烧伤了。

生4：我觉得曲突徙薪者是可以从根源上解决问题的，他的功劳很大，只要主人听取他的建议，就可以避免火灾的发生。

生5：老师，我觉得焦头烂额者的功劳也很大，他们是直接去帮忙灭火的，如果他们不去，主人的命都没了。

师：同学们思维很活跃。那我们来看看，曲突徙薪者提建议是在火患发生——

生（齐）：之前。

师：如果主人当时听他的建议，那就是在事前怎么样？

生1：做准备。

生2：预防。

师：对，属于事前预防。而焦头烂额者，他们救火是在火灾发生——

生（齐）：之后。

师：火灾就这样发生了，但就像前面同学说的，如果他们不去帮忙，后果会怎样？

生1：主人会没命，房子也没了。

生2：甚至整个村都可能着火。

师：所以，焦头烂额者他们救火的行为是事后救火，属于事后补救。现在，老师出示一篇你们学过的小古文《司马光砸缸》，请大家一起吟一遍。

（生齐吟）

师：很好，同学们，请问"司马光砸缸"属于"曲突徙薪"还是"焦头烂额"？

生（齐）：焦头烂额。

师：所以，司马光的行为是在事发之后进行——

生：补救。

师：同学们，面对这种突发情况，他做出的反应，难道不重要吗？

生：重要！他如果没有及时救他的朋友，那朋友就淹死了。

师：是的，同学们，在生活中，不是什么事情我们都能够预料得到，生活中我们可以事前准备，提前预防，但如果事情发生了，我们也要积极应对，及时补救。所以这两种思维——

生：都很重要。

师：现在老师有个创想，你们能不能用"曲突徙薪"的思维，来帮助司马光和他的朋友们避免危险？

生1：如果我是司马光，看到那里有个缸，里面装满水。我会提前跟朋友们说："那里有个盛满水的大缸，很危险，我们去别处玩吧。"

生2：我会提前把缸围一圈栅栏，写个指示牌：此处危险。不让孩子们靠近。

生3：把缸提前砸了……

（师生笑）

师：大家可真是奇思妙想，想象力丰富啊！同学们，我们的生活不是一成不变的，面对不同的状况，我们应该采取不同的方法来应对，这两种方式都是可取的。事前能想到的我们就提前预防，做多手准备；如果事情已经发生，我们也坦然接受，积极地去应对和补救。如果怀着这样的心态，我们才能够在人生的道路上随机应变，不断成长，一路通关！我们今天的讨论就到这里，现在我留两个课后小练笔。

> **课后小练笔**
>
> 任务一：请以"事前预防"的思维来改编《曲突徙薪》这则故事。
>
> 任务二："主人寤而请之"之后，他会分别对"曲突徙薪"的人和"焦头烂额"的人说些什么？请续写故事。

请同学们结合今天课中所学，并发挥自己的想象，期待大家的故事新编哦！下课。

生（齐）：谢谢老师。

三 教学反思

本堂课的教学目标是正确熟读寓言、理解寓言的含义并基于两个设问："焦头烂额和曲突徙薪的功劳分别是什么？主人如何避免火灾的发生？"使同学通过小组讨论，提升思维能力，激发思辨精神。

反思这一课的教学，具体表现如下：

课堂开头的甲骨文导入以及中间穿插的小组分角色故事表演和烟囱科普的部分，调动了学生的兴趣，提高学生在整堂课中的参与热情和积极性。在课堂上，我转变角色成为学生的学习伙伴，在学生表演过程中，一同进入情境，探讨人物角色的心理，探究课本。同时以小组讨论的方式培养学生互相交往的意识和能力，发展合作精神。在理解"曲突徙薪"寓言含义后，出示另一个故事《司马光砸缸》，培养学生举一反三、活学活用的能力。

不足之处主要有：

因为设计的问题是"是与非"式的，导致学生的思维被局限了，思辨过程中，没有很好地加以引导，进行追问，所以学生后面的思维提升没太体现出来。这节课中的小组合作学习训练尚欠到位，小组的作用没有充分发挥出来，今后要加强这方面的培养训练。最后读写结合练习没有时间完成，对于课堂节奏和时间的把握，还需要加强。

四 评研

评研1

杨翊韬老师的课程教学思路清晰，循循善诱，有很好的文学功底，尤其是在文言文教学中运用吟诵教学法让人眼前一亮。老师跟孩子的互动融洽自然，同学们都大胆展示。在思维启发方面稍有欠缺，或许调整一下提问方式效果会更好。

评研 2

教学语言形象丰富生动，浅入深出，着力于调动学生的积极性，注意矫正反馈，推进了学生知识的掌握和智力的发展，达到了良好的教学效果。

评研 3

在执教《曲突徙薪》一课时，杨翊韬老师语言优美，仪表大方，课堂中能充分利用儿童的心理特点，创设学生喜爱的教学情境，使学生全情投入学习和讨论中，并适时补充视频资料与阅读材料，帮助学生突破理解"曲突"的难点，以及突出理解防患于未然的重点。使整堂课充满了学生的思辨与表达，收到了很好的教学效果。

评研 4

杨翊韬老师的课，课程安排紧凑、多学科融合达到了大语文的要求。课堂学习氛围活跃，学生积极参与。在轻松的游戏中层层深入，做到寓教于乐。但在故事总结时一定要做到突出一个重点！

评研 5

杨翊韬老师的寓言探究课流程紧凑，知识量大，在钻研文本探究问题的时候还加入了吟诵，激发了孩子的兴趣。拓展的文章《司马光砸缸》紧扣主题，为学生探究寓言启示提供了极大的帮助，是一堂生动有趣的优质课。

对牛弹琴

授课人 许君

一、教学设计

教学目标

1. 正确朗读，理解寓言，背诵寓言。
2. 理解对牛弹琴的寓意。
3. 深入思考对牛弹琴的可行性。

教学重点及难点

1. 教学重点：理解对牛弹琴的寓意。
2. 教学难点：深入思考对牛弹琴的可行性。

教学结构导图

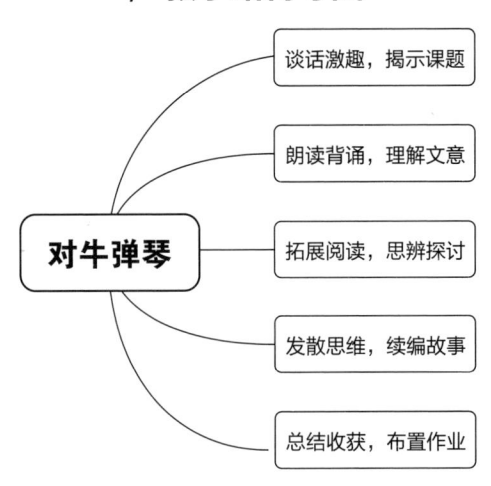

对牛弹琴
- 谈话激趣，揭示课题
- 朗读背诵，理解文意
- 拓展阅读，思辨探讨
- 发散思维，续编故事
- 总结收获，布置作业

思维提升，问题列举

对牛弹琴到底能不能做？能做，怎么做？不能，为什么？

教学过程

（一）谈话激趣，揭示课题

1. 课前播放《流水》古琴曲，揭示今天的寓言与"琴"有关。

2. 甲骨文出示"牛"，生猜字意。

3. 揭示课题"对牛弹琴"。

（二）朗读背诵，理解文意

1. 自由朗读古文，读准字音，读通句子。

学生自读，老师巡查。有问题提出。

2. 熟读课文，结合注释理解文意，不懂的地方组内交流讨论。

组间抽查展示，老师相机指导。

3. 理解背诵。

出示问题，生根据问题提示，背诵原文。

4. 交流启示。

学生之间交流启示，老师抽查汇报。

5. 明确寓意。

在学生汇报启示的基础上，顺势引出寓言的寓意，明确寓言传达的道理。

（三）拓展阅读，思辨探讨

1. 出示："高山流水"和"六马仰秣"两则材料，生阅读材料，交流启示。

2. 对比阅读拓展材料和原文，思考对牛弹琴的可行性。

3. 组内交流探讨：对牛弹琴能不能做？能做，怎么做？不能，为

什么?

（四）发散思维，续编故事

续编故事：可以选择从人的角度来续编，也可以选择从牛的角度来续编。组内交流讨论，派代表发言汇报。

（五）总结收获，布置作业

1. 生分享这节课的收获。

2. 课后作业：跟家人讨论对牛弹琴这则寓言，把你续编的故事讲给家人听。

板书设计

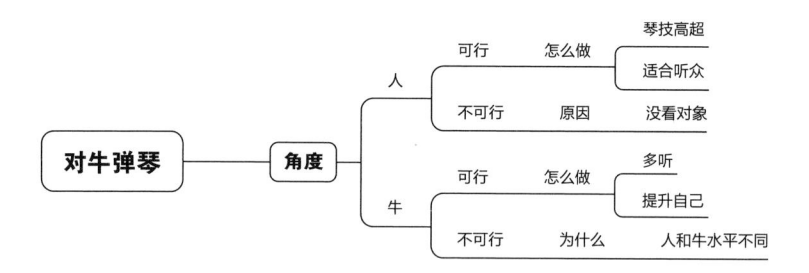

对牛弹琴 — 角度
- 人
  - 可行 — 怎么做 — 琴技高超 / 适合听众
  - 不可行 — 原因 — 没看对象
- 牛
  - 可行 — 怎么做 — 多听 / 提升自己
  - 不可行 — 为什么 — 人和牛水平不同

二 教学实录

（一）谈话激趣，揭示课题

师：课前给大家听的这首古琴曲，名叫《流水》，其录音于1977年被刻在一张镀金铜唱片上，代表中国乐曲跟随"旅行者"号太空船进入太空。今天我们就学习一个跟琴有关的寓言。

师：学习之前大家先来猜一猜，屏幕上的这个甲骨文是什么字。

生：牛。

师：没错，是牛。咱们来简单了解一下牛字的演变。

甲骨文　金文　小篆　隶书

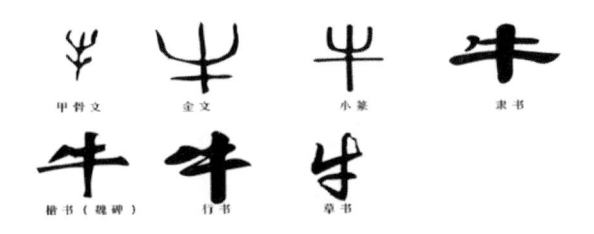

楷书（魏碑）　行书　草书

师：有牛有琴大家猜出来没有，今天我们要学的寓言是？

生：对牛弹琴！

(二)朗读背诵，理解文意

师：请大家先自由朗读原文，读准字音，读通句子。

（生读文）

师：大家读得都很认真，给大家 5 分钟时间，熟读课文，结合注释理解文意，不懂的地方组内交流讨论。讨论结束后老师会抽取一个小组上台展示。

（生交流讨论）

师：哪个小组愿意自告奋勇上台展示？好，请 4 组同学上台汇报，其他组认真听，如有问题或者补充，待会举手发言。

（4 组同学上台依次发言，其他同学倾听）

生1：公明仪是春秋时期一个擅长弹琴的人，他对牛弹了一曲叫《清角》的曲子，牛听完没有反应，仍然低头吃草。

生2：不是这头牛听不懂，是它不愿意听不适合它的曲子。

生3：公明仪用琴弹出牛虻的声音和小牛犊的叫声，牛甩着尾巴，竖着耳朵，踱着小步认真听。

师：其他同学有没有疑问或补充？

生：老师，第二句我和他们理解的不一样。我觉得"非牛不闻"这句话的意思应该是"不是牛听不见"。

师：其他同学你们赞同哪种理解？

生：赞同第二种，"不是牛听不见"。

师：给认真倾听、勇于质疑和表达的你点赞！

师：文章的意思我们弄懂了，我们来根据问题提示，试着把这篇古文背下来。老师来说问题，你们根据老师的提示回忆原文。

师：谁？

生：公明仪。

师：为谁？

生：为牛。

师：做了什么？

生：弹《清角》之操。

师：结果呢？

生：伏食如故。

师：原因是？

生：非牛不闻，不合其耳矣。

师：公明仪又做了什么？

生：后转为蚊虻之声，孤犊之鸣。

师：结果呢？

生：即掉尾奋耳，蹀躞而听。

师：大家背得真不错，现在请根据课件上的问题提示连贯地背诵一次这篇古文。

（生背诵）

师：大家背得真流畅！学习到这儿，这篇寓言给你什么样的启示呢？组内交流一下。

生1：弹琴要选好对象。

生2：方向不对，努力白费。

生3：遇到不合适的，要及时改变。

生4：不能像牛那样笨，只能听懂牛虻叫，要善于学习。

……

师：大家都说得非常好，这则寓言的寓意跟大家理解的差不多。"对牛弹琴"比喻对不讲道理的人讲道理，对不懂得美的人讲风雅，也用来讥讽人讲话时不看对象。

（三）拓展阅读，思辨探讨

师：对牛弹琴学到这里，相信大家有了更深刻的理解。请大家默读补充材料，说说你又从补充材料中读出了什么启示。

生1：弹琴还是得选好听的人，要选听得懂琴的人。

师：也就是选好对象。

生2：弹琴技术高超也行，这样给谁弹都能听得懂。

师：技术高超。

师：看来大家都有自己的理解和收获。带着你的理解，通过对原文和补充材料的对比阅读，组内交流你觉得对牛弹琴能不能做？能做，怎么做？不能，为什么？

生1：我觉得可以做。公明仪可以选择牛能听懂的声音改变琴曲，这样牛就能听懂了。牛听了好听的音乐，还可以多产奶呢。现在就有养牛场给奶牛听音乐、做按摩，这样可以让牛心情好，产奶多。

生2：我觉得可以做。公明仪只要把自己弹琴的技艺提高了，给谁弹琴都能听懂。就像伯牙一样，琴技高得连马都听得入迷，草都不吃了。

生3：我觉得不行，因为牛就是牛，它能听懂的只是它熟悉的声音，你弹琴的技艺再高，它不熟悉这个声音，那也可能不听。

生4：我觉得不行，那公明仪要是练不出高超的琴技呢？那他为什么不去给人弹琴，非要想不开给牛弹呢？

……

师：大家说得都很好，同样一件事，如果我们能多角度地去看待，就会有更多的理解和收获。

（四）发散思维，续编故事

师：既然大家对弹琴的人和牛有不同的看法，那我们来续编一下这个故事。你可以选择从人的角度来续编，也可以选择从牛的角度来续编。组内交流讨论，选出你们觉得续编最有趣的人来代表你们组发言。

生1：公明仪发现牛能听懂牛虻声，就天天对着牛弹琴，最后把牛烦死了，牛草也不吃了，扭头就走。

生2：公明仪不断努力练习自己的琴技，后来他一弹琴，不光牛来听，附近的其他动物都过来听。公明仪通过自己的不懈努力，终成一代宗师。

生3：公明仪不断调整琴声，终于编出一首牛特别喜欢的曲子，牛听了以后特别开心，吃好多草，产好多的奶。他发现琴声有这个作用，就买了好多的奶牛，天天弹琴给它们听，最终公明仪成了附近的养牛大户。

生4：牛听了公明仪的琴声刚开始觉得很舒服，后来觉得很烦，这个人怎么对着我比比画画的。忽然，公明仪袖子里露出一截红色的内衬，牛看到以后立马冲了上去，把他撞翻在地，从此公明仪再也不能弹琴了。

……

（五）总结收获，布置作业

师：说说这节课你学会了什么？

生1：我学会了不能对牛弹琴。

生2：我学会了做事要看对象。

生3：我学会了多角度思考，多角度看问题。

生4：我学会了"高山流水，知音难觅"还有"六马仰秣"典故的

来历。

师：很高兴大家能有这么多收获，回家后跟家人讨论这则寓言，把你续编的故事讲给你的家人听。下课。

三 教学反思

《对牛弹琴》这则寓言出自汉代牟融编撰的《理惑论》。该成语原是嘲讽牛听不懂高雅的《清角》琴曲，只能听那些"蚊虻之声""孤犊之鸣"。但公明仪将高雅的乐曲演奏给一头牛来听，属于没有找准对象，实在是"乱弹琴"。该成语也告诫人们，教育要看对象，要因材施教。说话也要看对象，对方听不懂，等于白费口舌。为了能让学生入情入境的思考，我做了如下设计：

在课前导入环节，通过播放《流水》古琴曲，让学生了解了琴曲，知道本课教学是跟琴有关，也为下面引入高山流水的故事做铺垫。另外利用"牛"字的演变，从甲骨文开始溯源，增加学生对字的理解。通过"琴"和"牛"，学生很容易就猜出了课题《对牛弹琴》。通过结合注释以及小组合作，学生初步理解了文意，对寓言有了自己的理解。借助老师在黑板上给出的问题提示，学生很容易就把文本背诵下来了。在此基础上学生说寓言给自己的启示就比较接近寓言的寓意了。这时老师给出寓意，学生在理解寓意的基础上再进行思辨就更准确。通过与补充材料的对比阅读，拓宽思路，启发学生思考"对牛弹琴"是否可取。课上我重点引导学生分别从牛的角度和人的角度来进行思辨，在明确了寓意的基础上进行思维的拓展和延伸，启发学生多角度地看问题。在整个教学过程中，让学生真正成为课堂的主人，通过朗读、理解、背诵、思考、探讨，手眼心口一齐动，更加积极地参与语文学习，使学生不仅学习了语文知识，提高了表达能力，更训练了学生的思辨

能力。

整堂课学生对文本研究兴趣极高,讨论比较热烈,对于"对牛弹琴",每个人都有自己的理解和收获。课上大家互相交流、辩论,课后仍然听到不少学生兴致勃勃地分享自己续编的故事。

当然这堂课也有些许不足。《对牛弹琴》原文文本理解对四年级学生而言稍有难度,尽管加了注释,但理解古文并翻译成现代汉语,学生也花费了不少的时间。这就导致后半节课虽然学生讨论热情很高,各组讨论的结果也不错,但是展示的时间不够充分,未完成的部分只能放到下一节课继续展示,有些遗憾。在今后的教学中,需要更好地做好"备学生"的备课准备。

四 评研

评研1

许君老师执教《对牛弹琴》一课给人如沐春风的感觉,许老师自然亲切的教态和教学语言,环环相扣的教学环节,层层深入的思考讨论活动,逐渐将孩子们带入了一个让思维自由驰骋的乐园。孩子们在初步理解对牛弹琴"向不懂道理的外行人讲高深道理是不可取"这一道理后,接着补充了《伯牙鼓琴》的故事和《荀子·劝学》中的名句让孩子们讨论"是否可以对牛弹琴,应如何去实施"的问题。一石激起千层浪,孩子们从弹琴者的目的和技艺等方面展开了讨论,纷纷发表了看法,使整个课堂成为学生训练思辨、解决问题的课堂。

评研2

本节课流程设计很科学,自然流畅。通过几个问题,引导学生围绕目标,突出重点,在语言品味方面,紧扣课文资料展开,张弛有度。

学生在组内合作学习过程中能科学合理地进行分工合作，会倾听别人的意见，能够自由表达自己的观点，遇到困难能与其他同学合作交流，共同解决问题。

评研3

优点：准备充分，教态亲切、平易近人，让孩子们体会了学习知识的过程，并学会在讨论中思考、在合作中解决问题。提议在教学时间的掌控上更灵活一些，可能是由于学生的理解能力差一些，导致后面时间控制稍紧。

评研4

许老师这节课环节十分明晰，并且环环相扣，有落实，有测验，有反馈，有巩固，有发展。课堂容量大，紧紧围绕目标，夯基础，察学情，重延伸，重思考，倡讨论。课堂语言简练，语言虽然不多，但指示性极强，问题导向明确，点拨干净利落。

邯郸学步

授课人 卫文辉

一 教学设计

教学目标

1. 了解"邯郸学步"这个成语的意思。

2. 通过"邯郸学步"这个成语，让学生思考学习应有的态度与方法。

教学重点及难点

1. 教学重点：学习应具有的态度与方法。

2. 教学难点：这个燕国人有什么值得学习的地方？怎么才能学会走路？

教学结构导图

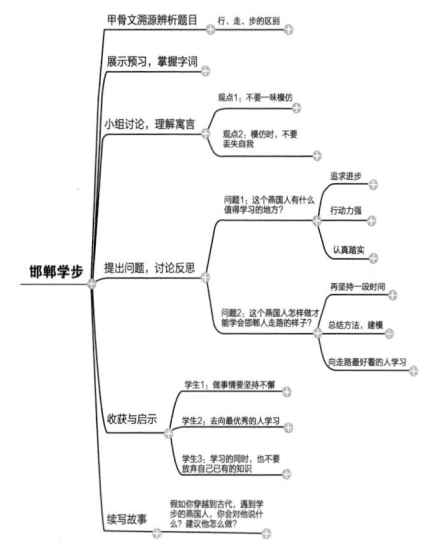

邯郸学步
- 甲骨文溯源辨析题目 —— 行、走、步的区别
- 展示预习，掌握字词
- 小组讨论，理解寓言
  - 观点1：不要一味模仿
  - 观点2：模仿时，不要丢失自我
- 提出问题，讨论反思
  - 问题1：这个燕国人有什么值得学习的地方？
    - 追求进步
    - 行动力强
    - 认真踏实
  - 问题2：这个燕国人怎样做才能学会邯郸人走路的样子？
    - 再坚持一段时间
    - 总结方法，建模
    - 向走路最好看的人学习
- 收获与启示
  - 学生1：做事情要坚持不懈
  - 学生2：去向最优秀的人学习
  - 学生3：学习的同时，也不要放弃自己已有的知识
- 续写故事 —— 假如你穿越到古代，遇到学步的燕国人，你会对他说什么？建议他怎么做？

思维提升，问题列举

1. 这个燕国人有值得我们学习的地方吗？
2. 这个燕国人怎样才能学会走路？
3. 联系你的学习生活，谈谈你有什么收获。

教学过程

（一）甲骨文溯源，题目解析

第一步：出示题目——邯郸学步。利用甲骨文，分析题目。

师：有没有人知道这个成语？

生：战国时期，有一个燕国人……

师：这里为什么不用学走、学行？

生：行、走和步表示的意思不太一样吧？

师：确实如此，在古文中，"行""走""步"这3个字虽然都有行走的意思，但还是有一些区别的。

行，重点强调走在大路上。造字来源是十字路口。

走，在古文中是小跑的意思。造字来源是奔跑的人形和脚印的组合。

步，强调在路上行走的样子。

（二）交流预习，理解寓言

1. 朗读寓言。

学生自读，老师指导，学生齐读。

2.理解寓言。

师：这个寓言想告诉我们什么道理？

（同学阅读并分组讨论）

生：这个故事告诉我们不要一味地模仿别人。

生：老师，我觉得还有一个意思，就是说，学习别人的时候，也不要忘记了自己原来的本领。

（三）讨论反思，提升思维

师：同学们说得都很有道理。那我们再思考一下，这个燕国人有没有值得我们学习的地方？他应该怎么做才能学会走路？先小组讨论，再分组分享。

生1：行动力强。

生2：态度认真。

生3：建议找专门的老师。

老师：大家从这个燕国人身上看到了很多优点，也提出了很多有价值的意见。一则平常的寓言，当我们多角度去反思时，就有了更多的收获。

（四）联系生活，总结收获

师：在我们的学习中，有时候也会遇到一些问题，经过今天的学习和讨论，你有什么收获呢？学生自由回答。

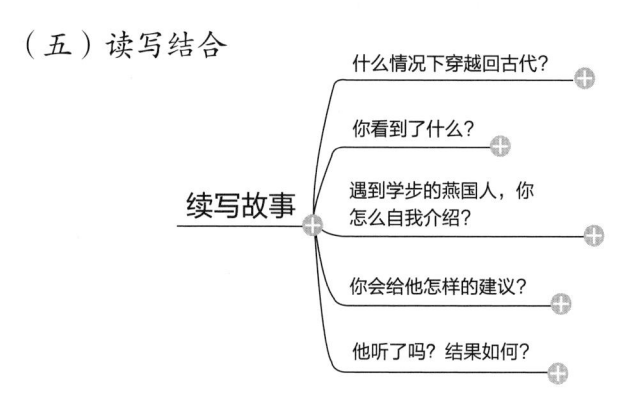

（五）读写结合

续写故事
- 什么情况下穿越回古代？
- 你看到了什么？
- 遇到学步的燕国人，你怎么自我介绍？
- 你会给他怎样的建议？
- 他听了吗？结果如何？

板书设计

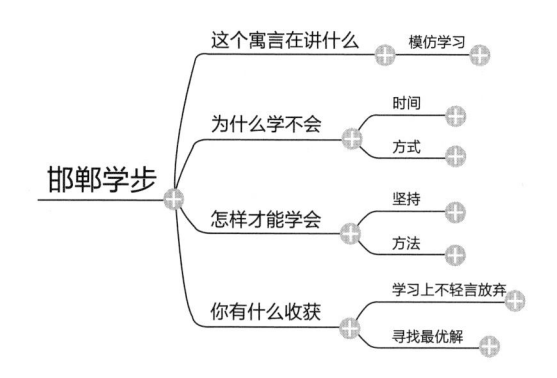

```
                ┌─ 这个寓言在讲什么 ─── 模仿学习
                │
                │                    ┌─ 时间
                ├─ 为什么学不会 ─────┤
                │                    └─ 方式
    邯郸学步 ──┤
                │                    ┌─ 坚持
                ├─ 怎样才能学会 ─────┤
                │                    └─ 方法
                │
                │                    ┌─ 学习上不轻言放弃
                └─ 你有什么收获 ─────┤
                                     └─ 寻找最优解
```

二 教学实录

（一）甲骨文溯源

师：有没有人知道"邯郸学步"这个成语？

生：战国时期，燕国寿陵有个少年，听说邯郸人走路很好看，就赶去邯郸跟人家学习步法。可是，他不仅没有掌握邯郸人走路的独特技能，反而忘记了自己原来走路的步法，结果只好爬着回家了。

师：这里为什么不用学走、学行？

生：行、走和步表示的意思不太一样吧？

师：确实如此，在古文中，"行""走""步"这3个字虽然都有行走的意思，但还是有一些区别的。

（出示3个字的甲骨文）

师：大家看看，这3个甲骨文有什么区别？

生："行"有个路口的样子，其他两个字没有。

学生："走"和"步"很像。

老师：区别呢？

学生："走"好像在跑。

老师：对了，"行"强调是在大路上，而"走"强调的是速度快，"步"强调的是走路的样子。所以题目叫作《邯郸学步》。

（二）理解文章

老师：请大家读一读这个故事，然后用自己的话讲给同桌听。

（出示故事，3分钟后，请同学分享）

师：请哪位同学来读一下，其他同学听听他读的字音准不准，节奏对不对。

（学生读）

师：这位同学读得非常好，接下来请大家一起来读一下，要读得像他一样好。

（学生齐读）

师：故事大家都了解了，那么请大家以小组为单位讨论一下，这个寓言告诉我们什么道理呢？

（学生分组讨论）

生1：这个故事告诉我们不要一味地模仿别人。

生2：老师，我觉得还有一个意思，就是说，学习别人的时候，也不要忘记了自己的本领。

（三）讨论反思，提升思维

老师：是的，这个燕国人因为学步一事，千百年来一直被人嘲笑。但是，他真的就没有值得我们学习的地方吗？他应该怎么做才能学会走路？给大家5分钟时间。先小组讨论，再分组分享。

（学生讨论，老师巡视）

师：时间到，所有人停止说话。

师：第1个问题，他有哪些值得我们学习的地方？

生1：他追求进步。

师：你是从哪里看出来的？

生1：他从燕国专门跑到邯郸来学习当地人走路的姿势，说明他追求进步。

生2：我觉得他行动力强。他不顾路途遥远来邯郸学习，在街上辛苦地模仿别人走路，行动力很强。

生3：我觉得他还很认真。文章里说他还去研究手的摆动、步子的长短等。

师：哦，这么认真地学习，却没有学成，你对他有何建议？

生1：我给他的建议是再坚持一段时间，有时候最困难的时候，反而是最接近成功的时候。

生2：我给他的建议是直接找一个走路最好的人，向他学习，请他指导。有老师指导，可能比自己瞎学强。

师：大家从这个燕国人身上看到了很多优点，也提出了很多有价值的意见。一个平常的故事，却让我们有了新的收获。那么今天的寓言课，你有什么收获呢？

生1：每个人都有长处，要善于去学习，不要总是嘲笑别人。

生2：学习既要有态度，也要讲究方法。

生3：方向不对，努力白费。

（四）读写结合

老师：那么假如我们穿越回去了，遇到这个燕国人，你会看到什么？你将怎么样介绍自己？你会给他什么建议？他听了吗？结果如何？请大家大胆想象，认真书写，写出既充满想象，又符合逻辑的故事。

三 教学反思

这节寓言课,我的目的是通过对一则常见的寓言的反思,来锻炼孩子们的思维。平时我们总是认为对就是对,错就是错,其实对错都是相对的,要多角度思考问题。比如《邯郸学步》里面的燕国人,虽然我们这个寓言是为了批评他一味地模仿,丧失自我。但是这种爱学习的精神其实还是值得赞扬的,需要改正的是学习的方式方法。在教学中,孩子们基本上都理解到了这个层面,也提出了很多方法去帮助这个燕国人。其实这也是在反思自己在学习过程中遇到的问题,当自己遇到困难时,一时无法解决该怎么办呢?是爬着回家,还是再想办法?但是本课也有问题,就是课下有同学提出疑问,认为就算再忘记原来走路的样子,也不可能爬着回去啊!这个问题在备课中,我有些忽略了。因为我觉得这个是庄子夸张的说法。那么,这种夸张的说法所存在的逻辑漏洞,该如何与学生解释呢?

四 评研

评研 1

这节寓言课选择的角度很好,学生们也能积极参加讨论,基本达到教学目标。

评研 2

这个故事的古文比较短小,建议老师能选择一个写得比较好的现代文版本,作为学生讨论的依据。

评研 3

老师在讲课时,适时的总结、点评很重要,这样能够将学生比较

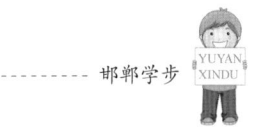

发散的回答加以归纳提升，引导学生进行更深入的思考。卫老师在总结归纳时，语言可以更加简洁、清晰、有力一些。

---- 评研 4 ----

在思维训练部分，拓展问题可以更发散，也可以找邯郸学步的类似案例，发掘这个寓言新的意义，并引导学生进行更深入的思辨。

亡羊补牢

授课人　杨锦

一　教学设计

教学目标

1. 学会本课的生字新词，读准多音字"圈"，会写"窟窿"等词。
2. 在理解故事内容的基础上，能生动地复述故事。
3. 理解故事的内容，体会寓言所蕴含的道理。

教学重点及难点

1. 教学重点：通过讨论不断地挖掘寓言故事所揭示的道理。
2. 教学难点：仿照寓言进行续编或创编课本剧。

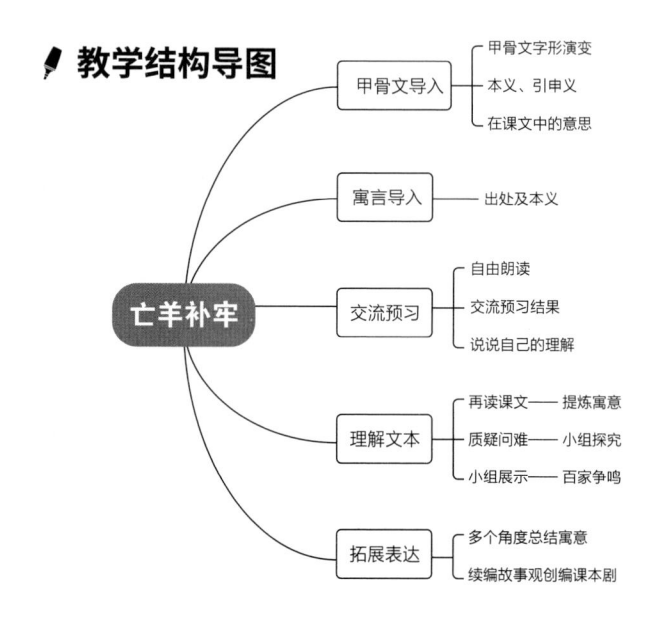

教学结构导图

亡羊补牢
- 甲骨文导入
  - 甲骨文字形演变
  - 本义、引申义
  - 在课文中的意思
- 寓言导入
  - 出处及本义
- 交流预习
  - 自由朗读
  - 交流预习结果
  - 说说自己的理解
- 理解文本
  - 再读课文——提炼寓意
  - 质疑问难——小组探究
  - 小组展示——百家争鸣
- 拓展表达
  - 多个角度总结寓意
  - 续编故事或创编课本剧

思维提升，问题列举

1. 亡：是什么意思？为什么？怎么想的？
2. 羊：是羊吗？不是羊吗？又是什么？
3. 补：修吗？填吗？怎么修？
4. 牢：牢是什么？是圈吗？不是牢吗？

读写结合模板

丢羊次数	丢羊原因	他的做法	结果

教学过程

（一）甲骨文溯源，激发识字兴趣

1. 这个课题"亡羊补牢"简简单单的4个字，你们有不理解的地方吗（预设"亡"和"牢"）？

"亡"像一把刀的刃被斩断了，成了无用的东西。引申为"死亡""灭亡"义。古文又借为"无"，表示"没有""不"等义，如《诗经》："何有何亡，黾勉求之。"

"牢"本义是饲养牲畜的栏圈。字形像一头牛被关在栏圈状的地方。"监牢""牢固"的"牢"都是引申义。

"亡"字预设，学生讨论回答：

（1）在第一自然段"羊少了一只"，我知道"亡"的意思是少了。

（2）在第三自然段"羊已经丢了"，我知道"亡"的意思是丢了。

（3）在第四自然段"羊又少了一只"，我知道"亡"就是丢失的意思。

（4）在第五自然段"他的羊再也没丢过"，我知道"亡"一定是丢失的意思。

"牢"字预设，学生讨论回答：

（1）在第五自然段"他赶紧堵上那个窟窿，把羊圈修得结结实实的"，我知道"牢"就是指羊圈。

（2）在第三自然段"羊已经丢了，还修羊圈干什么"，我知道"牢"是指羊圈。

2. 寓言出处导入。

见兔而顾犬，未为晚也；亡羊而补牢，未为迟也。（《战国策·楚策四·庄辛说楚襄王》）

（二）交流预习，夯实基础

1. 自由朗读，概括主要内容。

2. 研读课文，组内交流预习成果。

过渡：养羊人丢了几次羊？丢羊的原因？他是怎么做的？结果如何？请朗读课文后，小组交流讨论，完成表格。

丢羊次数	丢羊原因	他的做法	结果

3. 小组展示学习成果。

（三）理解文本，阅读提升

再读课文，学生讨论回答。

1. 质疑问难，补充重点问题。

2. 问题归类，梳理分组。

3. 分工合作，小组探究。

过渡：寓言，就是寄托道理，小故事中蕴含深刻的道理，这则寓言中，你明白了什么呢？

预设：发现错误，要及时改错，要听人劝，不能偷懒，要把事情做全面……

预设问题如下：

"亡"是什么意思？为什么？怎么想的？

"羊"是羊吗？不是羊吗？那又是什么？为什么要用"羊"？

"补"是修吗？填吗？补的是什么？

"牢"是什么？是圈吗？不是牢吗？可以用其他词吗？为什么这里要用"牢"？

羊的"牢"，是牢固的"牢"，更是"心牢"！

（四）读写结合，拓展表达

1. 学生总结寓意，续编故事。

（预设1）做人要踏踏实实，做事要防微杜渐，未雨绸缪，防患于未然。

（预设2）人不怕做错事，就怕做错了不及时改正，更重要的是不要一错再错，这样才能防止更大的损失。

（预设3）我们要广交好友，这样遇到困难，才能有人帮一把。

2. 小组合作试着创编课本剧，依据课本剧表演。

（五）布置作业，课内外结合

1. 继续续编《亡羊补牢》或完成《亡羊补牢》课本剧。

2. 把《亡羊补牢》这个寓言故事跟家人讲一讲，一起交流这则寓言故事带给你们哪些收获？在生活中，也常常发生类似的事。联系自

己的生活实际，谈谈看法。

板书设计

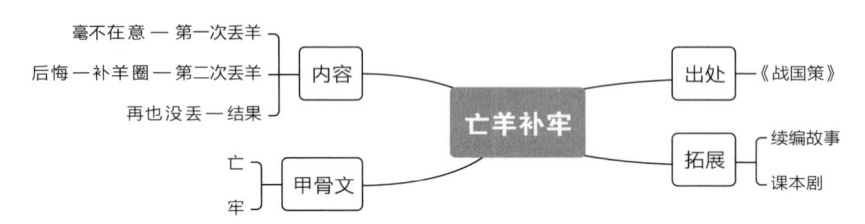

```
毫不在意—第一次丢羊
后悔—补羊圈—第二次丢羊         出处——《战国策》
再也没丢—结果      内容                              续编故事
                        亡羊补牢    拓展
亡                                              课本剧
牢      甲骨文
```

二 教学实录

（一）谈话导入

师：同学们，你们听过寓言故事吗？

生：听过。我们学过《井底之蛙》。

师：没错，寓言是一种文学体裁，它一般是借一个虚构的小故事说明一个深刻的道理。"寓"是"寄托"的意思，寓言就是指"有所寄托的话"。这节课，老师就来给大家讲一个寓言故事——《亡羊补牢》，希望大家能从中明白一个道理。

（二）质疑课题，甲骨文溯源

师："亡羊补牢"这个词语中，你们有不理解的字吗？

生："亡"和"牢"。

师：我们学过理解不懂字词的方法，你们还记得吗？

生：记得，有猜一猜、拆分法、组词法等。

师：那请你们先用合适的方法小组讨论出这两个字的意思吧。

生1：我觉得"亡"是丢失，"牢"是关牲口的圈，在这篇课文里指羊圈。我是通过联系课文内容理解的。

生2：我是通过查字典的方式理解这个字的，"亡"是死亡的意思。

师：很高兴你们都能通过恰当的理解词语的方法来解决较难的词

语。接着我们一起来看看"亡"和"牢"的甲骨文。

"亡"像一把刀的刃被斩断了，成了无用的东西。引申为"死亡""灭亡"的意思。古文又借为"无"，表示"没有""不"等意思，如《诗经》："何有何亡，黾勉求之。"

"牢"的本义是饲养牲畜的栏圈。字形像一头牛被关在栏圈状的地方。"监牢""牢固"的"牢"都是引申义。

师：了解了关键字的意思，请你们用一句话试着完整地说说"亡羊补牢"的意思。

生：羊丢失了把羊圈补好。

（三）交流课文，夯实基础

师：大家知道吗？这则寓言故事其实是有出处的。一起来看看。

见兔而顾犬，未为晚也；亡羊而补牢，未为迟也。（《战国策·楚策四·庄辛说楚襄王》）

师：下面，以小组学习的方式，依据自学提示的内容，正字正音，不懂的地方先互相讨论，再结合文章内容，展开小组讨论。

师：全班齐读这句古文。

生：见兔而顾犬，未为晚也；亡羊而补牢，未为迟也。

师：同学们读得很好！有没有不理解的地方呢？

生："见兔而顾犬"是什么意思？

生1：我知道，我来说。"顾"应该是回头看的意思。看到了兔子，再回头叫唤猎狗去追捕。

师：太棒了。比喻动作虽稍迟，但赶紧想办法，还是来得及的。

师：谁能用自己的话来说一说这则寓言讲了一个什么故事呢？

生：主要讲的是一位养羊人第一次丢了羊，街坊劝他修羊圈，养羊人没有听从劝告；第二天他又丢了羊，才后悔没有听街坊的话，于是赶快动手把羊圈修好。从此，他的羊再也没丢过。

师：概括得非常准确，请把掌声送给他。

师：请大家继续研读课文，思考：养羊人丢了几次羊？丢羊的原因？他是怎么做的？结果如何？请再次朗读课文后，小组交流讨论，完成表格。

丢羊次数	丢羊原因	他的做法	结果

师：齐读第1～4自然段，思考：养羊人一共丢了几次羊，为什么丢？在文中找出相关句子。

生1：丢了2次。

生2：原来羊圈破了个窟窿，夜里狼从窟窿里钻进去，把羊叼走了。

生3：后来狼又从窟窿钻进去，把羊叼走了。

师：羊丢了之后，街坊和养羊人他们分别是如何表现的呢？

生1：街坊劝他说："赶紧把羊圈修一修，堵上那个窟窿吧！"

生2：他说："羊已经丢了，还修羊圈干什么？"

师：街坊是怎么劝的？谁能读出劝告的语气。

生："赶紧把羊圈修一修，堵上那个窟窿吧！"

师：面对街坊真诚的劝告，养羊人有什么表现呢？

生：街坊一番好意，养羊人却漫不经心，不听劝告。

师：我们一起来把这个部分分角色表演一下。感受人物角色的情感变化。

生1：我当街坊。

生2：我当养羊人。

师：情感丰富，表演到位，同学们都太棒了！后来呢，养羊人不听劝告的结果怎样？

生：养羊人丢了一只羊。

师：为什么还会丢第二只？请在文中找出相关句子。

生：第二天早上，他去放羊，发现羊又少了一只。原来狼又从窟窿钻进去，把羊叼走了。

师：刚才我们学习的内容，如果用题目中的两个字来概括，就是？

生：亡羊。

师：第二次丢羊后，养羊人又是怎么想、怎么做的？结果怎样？自由读第5自然段，画出有关句子。我找同学来说一说。

生1：他很后悔没有听取街坊的劝告，心想，现在修还不晚。

生2：他赶紧堵上那个窟窿，把羊圈修得结结实实的。

生3：从此，他的羊再也没丢过。

师：请各小组展示刚才的学习成果。

（板书：第二次丢羊后悔——修羊圈、结果、再也没丢）

（四）理解文本，升华拓展

师：了解完课文后，我想问同学们几个问题，大家可以小组讨论。

"亡"是什么意思，为什么，怎么想的呢？

"羊"是羊吗？不是羊吗？那又是什么？为什么要用"羊"？

"补"是修吗？填吗？补的是什么？

"牢"是什么？圈吗？不是牢吗？可以用其他词吗？为什么这里要用"牢"？

生1："亡"可能是死亡，羊被狼抓走以后肯定被吃掉了。

生2：当然是羊，因为课本的插图画了羊。

师：你观察得真仔细，这个"羊"还可以是什么呢？

生3：我们想想。

生4：也有可能不是羊。

师：那"羊"可能是什么呢？

生：我觉得可能是人们曾经没有及时改正的错误。

生：羊的"牢"，是牢固的"牢"，更是"心牢"！

师：你们的觉悟太高了！故事我们已经读懂了，那么这个故事要告诉我们一个什么道理呢？再把课文认真读一读，把你的想法和同桌先交流一下。

生1：做人要踏踏实实，做事要防微杜渐，未雨绸缪，防患于未然。

生2：人不怕做错事，就怕做错了不及时改正，更重要的是不要一错再错，这样才能防止更大的损失。

生3：我们要广交好友，这样遇到困难，才能有人帮一把。

师：学习这篇课文，我们先读懂了故事，然后明白了故事中蕴含的道理，以后我们遇到寓言故事时，就可以按"理解题意—了解内容—联系实际—体会寓意"这样的方法学习。

师：来看看我们今天的家庭作业吧。

作业布置

1. 小组合作试着创编课本剧，依据课本剧表演。
2. 续编寓言故事。

三 教学反思

《亡羊补牢》这则寓言故事是一篇精读课文。通俗易懂，故事情节简明有趣，但寓意深刻。主要讲的是一位养羊人第一次丢了羊，街坊劝他修羊圈，养羊人没有听从劝告；第二天他又丢了羊，才后悔没有听街坊的劝告，于是赶快动手把羊圈修好。从此，他的羊再也没丢过。这则故事告诉我们：一个人做错了事，只要接受意见，认真改正，就不算晚；或做人要踏踏实实，做事要防微杜渐，未雨绸缪，防患于未然；再或是我们要广交好友，这样遇到困难，才能有人帮一把。

（一）教学效果

以多种形式读，逐步引导学生由读通到读懂，再到有感情地读课文，最后到分角色读文。古人说："书读百遍，其义自见。"让学生反复地朗读，文章的意思就不言而喻，在总结寓意时也就得心应手。读故事，悟出道理。读故事，体会人物的心理，懂道理，找语句体会。创设口语交际训练平台，把故事与道理相融合，每一次的碰撞都是一次提升。

（二）不足之处

我也感觉有些欠缺：在转移话题时过渡衔接不太恰当，略微有些生硬，这点也是我日后需要着重研究的地方。联系实际谈体会环节，学生谈得还较肤浅，没有做到进一步指导，使同学更深刻地联系实际。

一方面是为了完成自己的教学设计，存在急功近利的心理；另一方面还有点牵着学生鼻子走的心理，不能真正实现以学定教。在以后的教学中，要把教学真正落到实处，让学生学有所乐，学有所获。

（三）改进措施

如果我再重新来上这节课的话，我会这样做：从题目激趣导入，探究寓言的意思；以关键问题为切入点；引导理解故事内容，感悟寓言的道理；创设平台，多次引导学生把读懂故事内容与感悟故事蕴含的道理交织深化，使目标的落实到位。

四 评研

评研 1

杨老师特别重视朗读的训练。她采用形式多样的读，如自由读、指名读、范读、表演读、男女生读和引读等。多层次让学生领会当事人的情绪变化，读出了不同的语感。例如，让学生读出着急、后悔、满不在乎等语气，每个孩子都享受其中。由此可见，在平常教学中，杨锦老师在课文的朗读方面引导有方。

评研 2

这个课有大量的时间让学生在读中感悟，体会寓意。同时，抓住养羊人两次丢羊的原因和表现不同进行教学，朗读，感悟。在学生充分理解课文的基础上，悟出道理。并让学生联系实际生活谈感受，使学生真正受益。而且还总结了学习寓言的方法，为下一则寓言的学习做好了铺垫，课堂设计巧妙。

评研 3

课堂气氛活跃，学生学习兴致高涨，参与意识强烈，发散思维活跃，学习效果良好，一节课的教学准备很充分。组织学生讨论，通过学生的相互交流、互相补充，让学生深刻理解其中的道理。

评研 4

老师这节课上得很成功，学生们上课的积极性和参与率极高，特别是老师能抓住儿童的心理特点，创设一定的情境。老师在教学新知时循循善诱，让学生学习起来毫不费力，发挥了学生的主动性，教学设计很好，引导得也很到位，让学生在小组交谈的过程中同时体会到寓言与生活的联系。

评研 5

老师语言优美，仪表大方，课堂中能充分利用儿童的心理特点，创设学生喜爱的教学情境。这是一堂实用、有效的公开课，教学过程中老师非常注重引导学生如何学、如何做，目的是帮助学生学习，教学目标非常明确，而且切合学生实际，课件的制作非常实用。

黔驴技穷

授课人 孙志强

一 教学设计

教学目标

1. 掌握本文有关文言字词的用法，能口译全文。
2. 分析驴、虎两个寓言形象的特点，学习细致逼真的心理、动作描写。
3. 引导学生理解本文的寓意。

教学重点及难点

掌握本文有关文言字词的用法，引导学生通过分析老虎的心理、动作描写来分析老虎认识驴的过程。利用求非思维进行深度思辨，提升思考能力。

教学结构导图

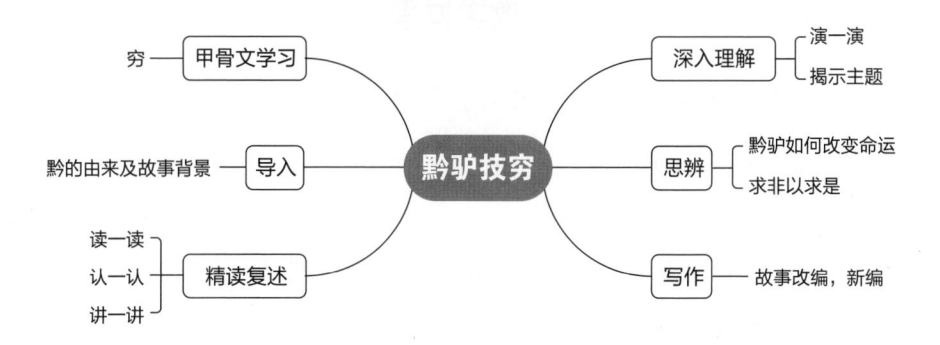

```
穷 — 甲骨文学习
黔的由来及故事背景 — 导入
读一读
认一认   — 精读复述
讲一讲
                   黔驴技穷
深入理解 — 演一演 / 揭示主题
思辨 — 黔驴如何改变命运 / 求非以求是
写作 — 故事改编，新编
```

🖊 思维提升，问题列举

1. 这则寓言是柳宗元的作品《三戒》中的《黔之驴》，既然称之为"戒"，就是让我们有所警戒，那你得到了哪些经验教训？

2. 从驴的角度来说，有哪些启示？

3. 从虎的角度来说，虎可有什么可取之处？

4. 故事中驴的结局是"（被）尽其肉"，有没有办法改变他被老虎吃掉的命运？

5. 黔驴技穷，别地的驴如何？黔驴技穷，黔牛呢？黔象呢？黔驴技穷，技不穷又如何？

🖊 拓展阅读，体会情感

黔（qián）无驴，有好事者船载以入，至则无可用，放之山下。虎见之，庞然大物也，以为神。蔽林间窥（kuī）之。稍出近之，慭（yìn）慭然，莫相知。

他日，驴一鸣，虎大骇（hài），远遁（dùn）；以为且噬（shì）已也，甚恐。然往来视之，觉无异能者；益习其声，又近出前后，终不敢搏。稍近，益狎（xiá），荡倚冲冒，驴不胜怒，蹄之。虎因喜，计之曰："技止此耳！"因跳踉（liàng）大㘎（hǎn），断其喉，尽其肉，乃去。

🖊 教学过程

（一）甲骨文溯源，激发识字兴趣

（二）交流预习，夯实基础

1. "一读"——解题。

正确、流利地朗读课文，读后结合注释说说题目的意思。

2. "二读"——释义。

出示自学提示：

（1）结合注释理解重点词语意思。

（2）思考主要内容。

小组根据自学提示进行学习。

3."讲一讲"复述故事。

小组复述，选代表讲述故事。

(三)理解文本，阅读提升

1."演一演"。

深入理解课文。探寻课文中虎和驴的神态、动作、语言和心理背后的逻辑。

2."想一想"小组讨论。

（1）这则寓言是柳宗元的作品《三戒》中的《黔之驴》，既然称之为"戒"，就是让我们有所警戒，那你得到了哪些经验教训？

（2）从驴的角度来说，有哪些启示？从虎的角度来说，虎可有什么可取之处？

3."辩一辩"。

集体质疑讨论：

故事中驴的结局是"（被）尽其肉"，有没有办法改变这个故事发生的条件，让驴不死呢？大家畅所欲言，小组讨论，最后分享。

(PPT给出提示)思考提示：黔驴技穷（字，4个颜色，代表可以每次更换一个条件）。

黔驴技穷，别地的驴如何？

黔驴技穷，黔牛呢？黔象呢？

黔驴技穷，技不穷又如何？

老师在小组讨论中，巡访指导，请有好意见的同学写到黑板上。最后展示。

（四）拓展阅读，体会情感

1. 补充《三戒》文言文。

噫！形之庞也类有德，声之宏也类有能，向不出其技，虎虽猛，疑畏，卒不敢取；今若是焉，悲夫！

2. 引导学生回忆、思考：在你的生活中有没有发生过类似的事？

（五）布置作业，课内外结合

《黔驴新编》《鄂驴之技》，学生可任选一题，编写故事，相互交流。

板书设计

黔驴技穷

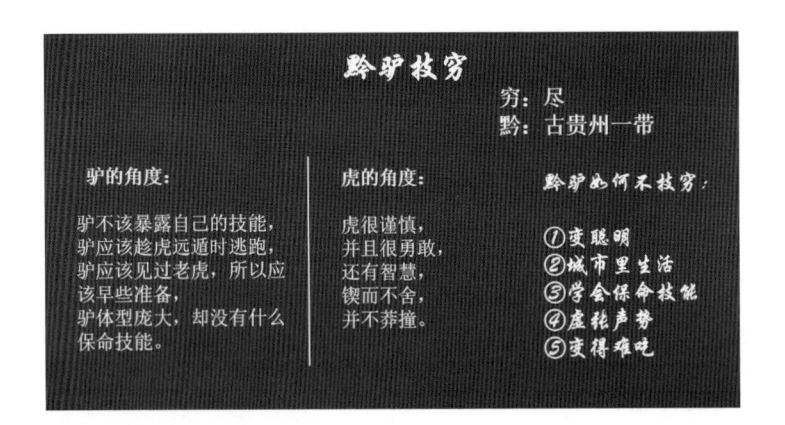

穷：尽
黔：古贵州一带

驴的角度：
驴不该暴露自己的技能，
驴应该趁虎远遁时逃跑，
驴应该见过老虎，所以应
该早些准备，
驴体型庞大，却没有什么
保命技能。

虎的角度：
虎很谨慎，
并且很勇敢，
还有智慧，
锲而不舍，
并不莽撞。

黔驴如何不技穷：
①变聪明
②城市里生活
③学会保命技能
④虚张声势
⑤变得难吃

二 教学实录

师：同学们早上好，我们来上课吧。上课！

生：起立！

生：老师好！

师：我们今天继续学习甲骨文，大家来猜猜这个甲骨文是？

生1：像"家"。

生2：像"穴"字。

生3：可能是"穷"字吧。

师：为什么是穷字呢？

生：我们一年级学过穴的甲骨文，上部分就是穴。下面部分是猜的。

师：没错，猜的很正确，这个字就是"穷"字。这个"穴"下面是一个躬身的人的形象。那么大家猜猜，这个"穷"开始的意思应该是什么？

生：没钱。

生：穷困。

师：对，躬身的人本来是穷人的形象。再加上逼仄的洞穴，让人知道"穷"其实是穷困潦倒的意思，引申为没办法。

师：那我们今天来学一个跟"穷"有关的寓言故事——黔驴技穷。

（亮题目）

是什么意思呢？

生1：黔驴没有办法了。

生2：黔地的驴办法少。

师：很好。黔地是哪里呢？我们观看一个短视频了解一下。

（播放视频《黔是如何成为贵州的简称》）

师：视频看完，我们知道了黔地在历史上是怎样的呢？

生：穷乡僻壤。

生2：被大山阻隔，跟外界联系少，也没有多少人。

师：很对，这就是我们这个寓言中故事发生的背景。下面，就请我们带着预习单的问题进入今天的学习中吧！

首先，我想请同学们结合注释，自由朗读课文，读准字音，读通句子，标明难解的字。

（第一遍朗读）

师：同学们，你们对哪些字词有疑问？（师生共同解决）

生1：窥、慭慭然等。

师：解决生字了，我请同学们再读一遍课文，然后根据提示语小组内互相讲讲这个故事。

（出示PPT，给出提示词）

师：轻松一下，大家喜欢听故事吗？咱们班谁特会讲故事，请你把《黔之驴》这个故事讲给大家听。

（教师出示PPT画面，一生上讲台绘声绘色地讲故事）

我看见有同学露出了会意的笑容，笑什么？他讲的故事精彩，如果演出来更精彩呢！下面我请同学们以小组为单位，分角色演绎这篇课文。

（PPT出示要求：演出文中虎和驴的神态和动作，并加上自己的语言和心理描述）

师：我给大家做个示范（出示"庞然大物也，以为神。蔽林间窥之"），比如这个"窥"字，意思是"偷看"，现在仍然适用，"窥视""窥探"，一个"窥"字，勾画出老虎初见驴时，既好奇，又害怕，又不心甘的心理，可谓一字传神，我觉得换任何一个字都不恰当。不看不知道，一看忘不掉。

（示范演绎"蔽林间窥之"并把"庞然大物也，以为神"以语言动作表达出来。让学生感到新奇、有趣）

（学生分小组练习，老师下小组组织、指导）

师：我被同学们精彩的表演天赋震撼到了，我们有请一组上台展示！请观众们给出点评。

（生表演过程中，学生学驴叫，引得大家大笑）

（学生表演后）这么娇小可爱的驴（扮演的学生是小女生），老虎大概也不舍得吃吧。大家对表演有什么建议呢？

生：不能笑场。

生2：老虎益狎，不该太猥琐了。

生3：慭慭然应该可以说话——自己小心些，没问题……

师：谢谢各位导演的点评，我们再请一组上台，我要在他们边表演的时候边采访。

生（旁白）：有好事者船载以入。

生（好事者）：这老虎也没啥用啊，放到山下自生自灭吧。

师卷起一本书作为话筒：停，我采访一下好事者，你为何要带一头没用的驴到这里来呢？

生（好事者）：我就是闲着没事儿，无聊而已。

师：那你想过这头驴的命运吗？

生（好事者）：嗨，我没吃它的肉就不错了，还管它死活。

（师示意采访告一段落，表演继续）

生（旁白）：虎见之，庞然大物也，以为神。

生（虎）表演，老师暂停采访：虎先生，请问您此刻心里想的是什么？

生（虎）：这是什么玩意儿？这么大个儿！是神吗？我可得小心点，别被它看到，我躲起来瞅瞅（师点头，观众乐）。

生（旁白）：稍出近之，慭慭然，莫相知。

生（虎）表演，老师暂停采访：虎先生，请问您此刻心里想的是什么？

生（虎）：小心点靠过去看看没问题吧，这到底是什么情况呢？

（说得夸张，观众乐，示意继续）

生（旁白）：他日，驴一鸣，虎大骇，远遁，以为且噬己也，甚恐。

师暂停，问生（驴）：你为何叫啊？

生：吓死他！

师：那你可叫得够用力了，虎先生，你这次又怎么想的呢？

生（虎）：哎呀妈呀，吓死人啦，我可得跑远些，别把我吃了！

师：那你还回来吗？

生：先看看吧。

师：你还惦记着驴啊，你不害怕吗？

生（虎）：怕，可是它不是没追过来嘛。

师：好，继续。

生（旁白）：然往来视之，觉无异能者；益习其声，又近出前后，终不敢搏。

师：虎先生，你此刻的想法是什么？

生（虎）：这家伙好像也没什么本事嘛，声音大点，习惯了也就好了。

师：驴先生，你呢？

生（驴）：这个很烦啊，一会儿靠近，一会儿后退的，到底干什么啊？

生（旁白）：稍近，益狎，荡倚冲冒，驴不胜怒，蹄之。虎因喜，计之曰："技止此耳！"因跳踉大㘎，断其喉，尽其肉，乃去。

师采访：老虎，你的表演精彩极了，你能说说你是怎么想的吗？

生（虎）：没什么，我就是逼它用大招，结果就是踢了一脚，嘿，这我可就不客气了，把它吃了。

师：驴，你可以活过来了，回答我一个问题，你后悔不？

生（驴）：后悔啊，可是也没办法啊，太烦了（大家笑）。

师：好，谢谢四位的表演，同时谢谢大家的笑声和掌声，我们在欢声笑语中看了一场驴被老虎吃掉的过程，我觉得这事儿还挺不应该的，这则寓言是柳宗元的作品《三戒》中的一篇，既然称之为"戒"，就是让我们有所警戒，那你得到了哪些经验教训？（出示PPT）请大家小组讨论，并将结论写到学习单上。

大家可以从驴和老虎的角度分别说一说（板书）。

1. 从驴的角度来说，有哪些启示？
2. 从虎的角度来说，虎可有什么可取之处？

学生讨论，老师巡访指导，让学生将新鲜的想法写到黑板上。

师：好，同学们看黑板，我们讨论后的结果都在这里了，我们一起读一下。

生：驴不该暴露自己的技能，驴应该趁虎远遁时逃跑，驴应该见过老虎，所以应该早些准备，驴体型庞大，却没有什么保命技能。

生：虎很谨慎，并且很勇敢，还有智慧，锲而不舍，并不莽撞。

师：大家总结得很好，从老虎的角度而言，不要被对手的气势吓倒，不要一见貌似勇猛、貌似强大的对手就不敢上阵、不敢对抗。事实证明，架子大、派头大的家伙往往外强中干，金玉其外，败絮其中。但这并不意味着可以轻视对手，我们可以在心理上藐视它，但在行动中、在细节上则要十二万分地关注、观察对手的动向，只有认真研究清楚对手的所有情况，才能拥有正确的决心与行动。

从驴子的角度来看。驴子的遭遇告诉我们，如果没有任何真才实学，就不要虚张声势、张牙舞爪。面具再华美艳丽、威猛刚毅，也终究只是面具，一旦滑落，就会暴露出干瘪丑陋的本来面目（PPT）。

师：故事中驴的结局是"（被）尽其肉"，有没有办法改变这个故事发生的条件，让驴不死呢？大家畅所欲言，小组讨论，最后分享。

（PPT给出提示）思考提示：黔驴技穷（字，4个颜色，代表可以每次更换一个条件）。

黔驴技穷，别地的驴如何？

黔驴技穷，黔牛呢？黔象呢？

黔驴技穷，技不穷又如何？

师在小组讨论中，巡访指导，请有好意见的同学写到黑板上。

最后展示阶段：

师：我们一起来看看成果吧，请写在黑板上的同学给我们解释一下你的想法吧！

生1：这头驴认识老虎，见到老虎后，大喝一声，把它吓跑后，自已躲起来了。

生2：在北京，一头驴大概没有什么机会见到老虎，生活在城市里，老虎无从下手，它被很好地保护起来。

生3：驴经过好多年的演变，让自己变得难吃得很，老虎都知道驴肉不好吃了，见到驴就躲。

生4：驴一直保持着自己的神秘，不肯使用出招数，一直让老虎疑神疑鬼的。

生5：驴大概学会了几个保命技能，比如跑得跟豹子一样快，跳得比鹿还高，还有强大的爬山技能。老虎没辙了……

师：同学们想象力丰富，思维转换比较频繁，非常好。既然如此，我们来个写作练习。

师：柳先生害驴不浅，自从《黔之驴》一文以后，千百年来，人们对驴心存偏见，驴的名声一败涂地，驴成了蠢笨的代名词。现代教育提倡创新思维、多向思维，咱们来一个奇思妙想编故事，让这头蠢驴、笨驴利用自己的聪明智慧战胜兽中之王老虎。

PPT显示《黔驴新编》《鄂驴之技》，学生可任选一题，编写故事，相互交流。

三 教学反思

这堂课有三个目标：①能流利地背诵文章，结合注释，能口译全文；②学习细致逼真的心理、动作描写；③理解故事的深刻寓意。用思辨的方法重新阐释寓意。

这堂课既有成功之处，也有不足的地方。下面就这节课谈谈我的想法。虽然布置了预习，但我还是安排了一些时间来进行字义的复习。同时，作为一篇寓言，让学生从不同角度品味寓意，进而来把握寓意。

学生分别从老虎的角度、驴的角度、其他角度来品味寓意。比如从老虎的角度谈给我们的启示是做事要谨慎，要知己知彼。从驴的角度为不能外强中干等。

这篇文言文中有很多动作和心理描写，如果仔细分析的话能更清晰地明了老虎和驴子的心理变化。所以我让学生演一演，在演中感悟。通过访谈的形式，使学生掌握本文寓意，从而受到情感、态度和价值观的启发和教育。

为了扩展学生的思维，我设计了思辨性的问题，学生的思维非常活跃，想了很多的原因。这时他们的逻辑思维充分被调动起来，大家众说纷纭，畅所欲言，课堂气氛也很活跃。

但这节课也有不足的地方。最明显的一点就是在时间的安排上，字义复习这一环节上浪费了大量的时间。另外，在让学生进行动作与心理的分析时，我不能够完全相信学生的能力，总是在学生进行分析后又重复强调一遍，这不仅打击了学生学习的主动性，而且浪费了很多时间。还有三个方面的不足：

1. 小组合作探究方面，流于形式，需要更好地建设。在本课中，有大量的环节需要小组合作学习，给出的环节设计是讨论加展示，在这一部分不能使每个同学都深入参与，在之后的组织中，应该加强小组内成员间的合作分工。

2. 注重个性发展，关注学生潜力的发展，关注学生个性的张扬，注重学生对学习方法的主动探究，课上孩子们在自己的表演中加入了很多自己的想法，教学中需要格外关注和指导。

3. 课程设计需要更加精巧，尤其是课时安排，每部分应该有更合理的安排和精巧的衔接。本课的讲一讲和演一演环节需要提高效率。

四 评研

评研 1

　　这节课，是什么力量让所有的学生都动了起来？是以学习者为中心的参与式的学习，让学生们在新的课型中充分发挥了主体能动性，自主大胆地质疑、考问，从现象到本质，教学目标迎刃而解！课上得生动有趣，活而不乱。虽然学生的问题良莠不齐，但正好反映了各个层面学生的情感、态度、需要、理解，各问所需、各取所得。

评研 2

　　学生表演的环节非常出彩，老师教授的方式也是逐渐深层营造情境，循序渐进，所以整个课堂氛围非常好，学生们都是乐在其中，学在其中。但是表演所占的时间比较长，其实可以减少一组，节省时间。

评研 3

　　最后的读写结合由于时间关系没有当堂写，其实可以让大家当堂说即可，说得透彻，说得明白，大家互相启发，这样对于课下写的压力就会小很多，当然如果时间调整，能够留出当堂写当堂改的时间则更好。

南辕北辙

授课人　郭江水

一　教学设计

教学目标

1. 会写3个生字，认识2个生字。

2. 了解寓言内容，明白要听取别人的劝告，要保持行动与目标一致的道理。

3. 培养学生质疑的能力和习惯，引导学生认识到多角度思维的重要性，深刻体会成语的含义。

教学重点及难点

1. 教学重点：借助注释读懂课文。

2. 教学难点：多角度讨论寓意。

教学结构导图

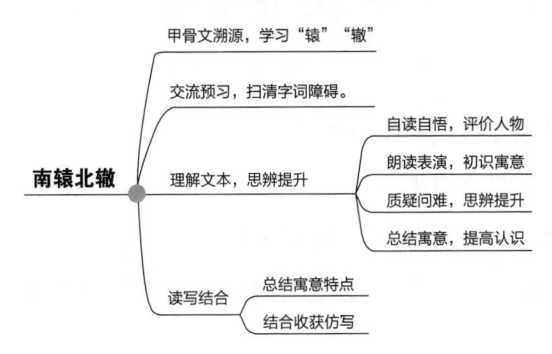

南辕北辙
- 甲骨文溯源，学习"辕""辙"
- 交流预习，扫清字词障碍。
- 理解文本，思辨提升
  - 自读自悟，评价人物
  - 朗读表演，初识寓意
  - 质疑问难，思辨提升
  - 总结寓意，提高认识
- 读写结合
  - 总结寓意特点
  - 结合收获仿写

🖊 思维提升，问题列举

1. 在"南辕北辙"的故事中，"南北"和"辕辙"分别是什么意思？

2. "南北"只代表方向吗？如果不是还指什么？你还能换成其他词吗？可不可以换呢？为什么？

3. "辕辙"只是"辕"和"辙"吗？他们不是真的"辕"和"辙"吗？

🖊 教学过程

（一）甲骨文溯源，激发识字兴趣

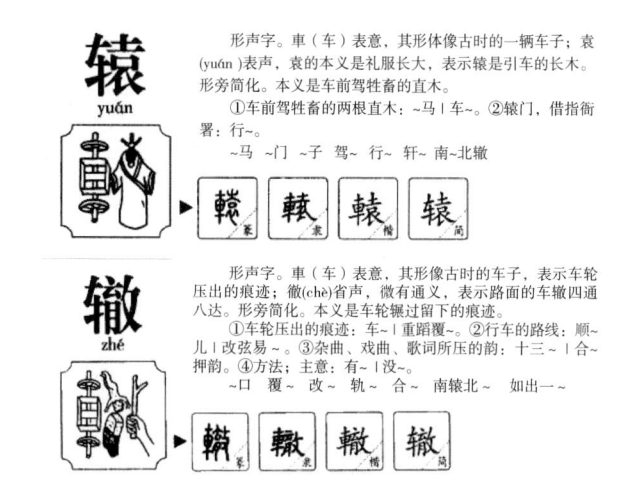

辕 yuán

形声字。車（车）表意，其形体像古时的一辆车子；袁(yuán)表声，袁的本义是礼服长大，表示辕是引车的长木。形旁简化。本义是车前驾牲畜的直木。
①车前驾牲畜的两根直木：~马｜车~。②辕门，借指衙署：行~。
~马 ~门 ~子 驾~ 行~ 轩~ 南北辕

辙 zhé

形声字。車（车）表意，其形像古时的车子，表示车轮压出的痕迹；徹(chè)省声，徹有通义，表示路面的车辙四通八达。形旁简化。本义是车轮辗过留下的痕迹。
①车轮压出的痕迹；车~｜重蹈覆~。②行车的路线：顺~儿｜改弦易~。③杂曲、戏曲、歌词所压的韵：十三~｜合~押韵。④方法；主意：有~｜没~。
~口 覆~ 改~ 轨~ 合~ 南辕北~ 如出一~

1. 出示汉字"辕"和"辙"，根据字形猜一猜它们的意思。

2. 出示汉字字源图形，请学生讲一讲，教师补充。

过渡语：今天我们就来学习与"辕"和"辙"相关的一个寓言故事（板书寓言题目——南辕北辙）。

（二）检查预习，感知内容

1. 回忆课前阅读的小故事（白话文），理清故事情节。

战国后期，一度称雄天下的魏国国力渐衰，可是国君魏王仍想出兵攻伐赵国。谋臣季梁本已奉命出使邻邦，听到这个消息，立刻半途折回，风尘仆仆赶来求见魏王，请你用自己的话讲一讲季梁给魏王讲的这个《南辕北辙》的故事。

2. 初读文言文，扫清字词障碍。

（1）出示原文，这则寓言出自《战国策·魏策四》，请大家读准字音，读通句子，读好停顿。

出示文本

　　今者臣来，见人于大行，方北面而持其驾，告臣曰："我欲之楚。"臣曰："君之楚，将奚为北面？"曰："吾马良。"曰："马虽良，此非楚之路也。"曰："吾用多。"臣曰："用虽多，此非楚之路也。"曰："吾御者善。"此数者愈善而离楚愈远耳。

（2）生自由读文言文《南辕北辙》。

（3）指名读文言文，纠正读音和断句。

3. 质疑讨论，理解文意。

（1）交流预习结果，组内说一说每句话的意思，将不懂的地方在组内讨论。

（2）生提出疑问，生生解答，教师适时点拨、总结。

(三) 理解寓意，背诵文言文

1. 小组学习，深入理解。

（1）学生以小组为单位，可选择翻译、表演等方式展示寓言内容。

（2）小组展示表演，师生共同评价。

2. 回顾故事细节，体会人物心理。

（1）季梁对行人提出了哪些不同的看法？当提出这些问题时，猜想一下季梁当时是怎样想的？

（2）行人对于这些质疑是怎样回答的？猜想一下，他心里想的是什么？你觉得他此时的表情、动作应该是怎样的？

（3）指导学生丰富对话和表演。

3. 借助关键词语，练习背诵。

今者臣来，见人于大行，方＿＿＿＿而持其驾，告臣曰："我欲＿＿＿＿＿。"臣曰："君之楚，＿＿＿＿＿＿＿＿？"曰："＿＿＿＿＿＿。"曰："马虽良，此非＿＿＿＿＿＿＿。"曰："吾＿＿＿＿。"臣曰："用虽多，此非＿＿＿＿＿＿＿。"曰："吾御者善。"此数者＿＿＿＿而离楚＿＿＿＿＿。

（四）理解寓意，多角度思辨

1. 讨论结局，体会寓意。

（1）你怎样评价打算去楚国的这个人？从这个故事中你得到了怎样的启示？

（2）请小组讨论，进行总结。

小组讨论，将得到的启示归纳总结，并板书在黑板上。

（3）小结：我们在《南辕北辙》的故事中体会到无论做什么事，只有首先看准了方向，才能发挥自己的有利条件。

2. 多角度思辨，改变思路。

（1）生活中真的出现这种人的概率有多大呢？季梁为什么给魏王讲这样一个故事呢？他想要向魏王说明什么问题？

（2）从季梁的做法中我们能看出每个人的做法都带有自己的目的性，那么如果生活中真的出现了"南辕北辙"这样的人，他们的目的又会是什么呢？请大家想一想，在什么情况下，"南辕北辙"的做法是可行的？小组讨论，先罗列出各种想法，集体讨论总结。

迷惑对手、见识更多风景……

3. 请你说一说又有哪些新的收获。

（五）读写结合，拓展表达

1. 总结寓言故事的特点（小故事阐述大道理，人物的语言神态）。
2. 续写《南辕北辙》的故事。

猜测一下，这个魏人最终会醒悟吗？他会经历些什么？事情的结果会怎样？

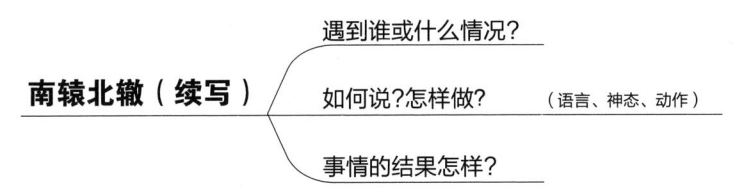

南辕北辙（续写）
- 遇到谁或什么情况？
- 如何说？怎样做？（语言、神态、动作）
- 事情的结果怎样？

（六）布置作业，课内外结合

哪些情况下，"南辕北辙"的做法起到了积极的作用呢？编一个利用"南辕北辙"的小故事，并讲给同学和家长听。

板书设计

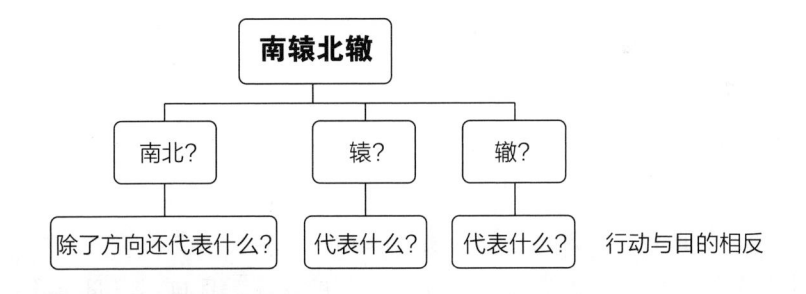

南辕北辙
- 南北？—— 除了方向还代表什么？
- 辕？—— 代表什么？
- 辙？—— 代表什么？

行动与目的相反

二 教学实录

（一）甲骨文溯源，激发识字兴趣

1. 出示汉字"辕"和"辙"。

师：请大家根据字形猜一猜它们是什么意思呢？

生：与车有关系。

2. 出示汉字字源图形。

师：我们再来看一看这两张字源图，谁能再来讲一讲。

生：它们是车上的零件吗？

生：大概是车上的某个部位。

师："辕"指车前驾牲畜的两根直木，"辙"是车轮压过的痕迹。今天我们就学习一则与这两个字有关的寓言故事"南辕北辙"（板书寓言题目）。

（二）交流预习，整体感知

师：战国后期，一度称雄天下的魏国国力渐衰，可是国君魏王仍想出兵攻伐赵国。谋臣季梁本已奉命出使邻邦，听到这个消息，立刻半途折回，风尘仆仆赶来求见魏王，给他讲了一个故事。请你用自己的话讲一讲季梁给魏王讲的这个《南辕北辙》的故事。

（生讲故事）

师：这则寓言出自《战国策·魏策四》，请大家读准字音，读通句子，读好停顿。

出示文本

今者臣来，见人于大行，方北面而持其驾，告臣曰："我欲之楚。"臣曰："君之楚，将奚为北面？"曰："吾马良。"曰："马虽良，此非楚之路也。"曰："吾用多。"臣曰："用虽多，此非楚之路也。"曰："吾御者善。"此数者愈善而离楚愈远耳。

（生自由读。生读文言文，师生纠正读音和断句）

师：组内说一说每句话的意思，将不懂的地方在组内讨论。

生："将奚为北面"是什么意思？

生：为什么往北走呢？

师："将奚"是什么意思？

生："将奚"是"为什么"的意思。

师：这则寓言还有不理解的地方吗？

生齐：没有了。

（三）理解寓意，背诵文言文

师：以小组为单位，可选择喜欢的方式，如逐句翻译、表演等，把寓言的故事内容给大家讲清楚。

（生小组学习）

师：请小组到台前进行展示。

（生小组展示表演，师生共同评价）

师：季梁对行人提出了哪些不同的看法？当提出这些问题时，猜想一下季梁当时是怎样想的？

生：季梁会很疑惑不解："这个人很奇怪，大家都知道楚国明明在南方，为什么他偏要去往北方走呢？"

生：马越好跑得越快，方向错了不是离自己的目标越来越远了吗？

生：他可能会很惋惜，心想：盘缠多是他的优势，但是这并不能弥补选错了方向带来的错误啊！

师：行人对于这些质疑是怎样回答的？猜想一下他心里想的是什么？你觉得他此时的表情动作应该是怎样的？

生：行人会很满不在乎地回答："我的路费充足，花也花不完。"

生：行人会得意地拍着自己的马匹说："我的马匹精良，不管多远的路，都能跑得了。"

生：行人可能会指着自己的车夫说：我家的车夫善于驾车，技术一流，是出了名的能手。

师：从这样的对话中你发现了什么？

生：要到达楚国，不选对方向，即使有再好的条件都是无济于事的，

还可能会离目标越来越远。

（师指导学生丰富对话和表演）

师：我们对这则寓言的情节和人物都有了更深入的了解，那我们就借助关键词语，试着背诵一下。

今者臣来,见人于大行,方_____而持其驾,告臣曰:"我欲_____。"臣曰:"君之楚,_____?"曰:"_____。"曰:"马虽良,此非_____。"曰:"吾_____。"臣曰:"用虽多,此非_____。"曰:"吾御者善。"此数者_____而离楚_____。

（四）理解寓意，多角度思辨

师：你怎样评价打算去楚国的这个人？从这个故事中你得到了怎样的启示请小组讨论，总结后板书在黑板上。

生：解决问题要抓住问题的关键，不抓住问题的关键是永远解决不了问题的。

生：要想达到目标就要找到正确的方向，不然再努力都是徒劳无功的。

生：自己所拥有的良好条件，只有在选对了方向时才能给目标助力，否则就会起到相反的作用。

师小结：我们在《南辕北辙》的故事中体会到了无论做什么事，只有先看准了方向，才能发挥自己的有利条件。

师：生活中真的出现这种人的概率有多大呢？

生：真正驾车相反方向的人几乎没有。

师：季梁为什么给魏王讲这样一个故事呢？他想要向魏王说明什么？

生：季梁的意思是魏王攻打邯郸的做法和他想取信于天下的想法是完全相反的。

生：季梁要告诉魏王，攻打邯郸是霸王干的事，他如果这样做就

是离他想要取信于天下的目标背道而驰。

师：从季梁的做法中我们也能看出每个人的做法都带有自己的目的性，那么如果生活中真的出现了"南辕北辙"这样的人，他们的目的又会是什么呢？请大家想一想，在什么情况下，"南辕北辙"的做法是可行的？小组讨论，先罗列出各种想法，集体讨论总结。

（生小组讨论）

生：迷惑对手，让别人认为自己选错了方向，从而降低防备，这样就能给自己赢得更多的空间和时间。

生：当我们不急于达到目的，在这个过程中想实现更多想法的时候，比如见识更多风景，认识更多人的时候，也可以去尝试南辕北辙。

……

师：请你说一说又有哪些新的收获。

生：我们在看待问题的时候要从不同的角度来考虑。

生：我们多角度考虑问题，从中选择最适合自己的策略。

生：我们要从自己的目标出发，采取不同的方法，达到自己定下的目标。

生：劝告别人也要讲究策略，有时候运用故事让人思考要比直接劝说效果更好。

（五）读写结合，拓展表达

师：你发现寓言故事的特点了吗？

生：小故事阐述大道理。

生：略去了对人物的语言神态的描写。

师：寓言故事中留下了很多空白给我们进行想象，我们就来猜测一下，这个魏人最终会醒悟吗？他会经历些什么？事情的结果会怎样？请根据思维导图，进行续编。

（六）布置作业，课内外结合

师：哪些情况下，"南辕北辙"的做法起到了积极的作用呢？编一个关于"南辕北辙"的小故事，并讲给同学和家长听。

三 教学反思

《南辕北辙》寓言故事出自《战国策·魏策四》，故事的背景是魏王想攻打邯郸，季梁听到这件事，忙着去拜见魏王，他给魏王讲述了一个人要乘车到楚国去，由于选择了相反的方向又不听别人的劝告，只能离楚国越来越远的故事。在人物对话的过程中和文章结尾的点睛之笔，学生自然会明白其中的寓意，这则寓言告诉我们：无论做什么事，都要先看准方向，才能充分发挥自己的有利条件；如果方向错了，那么有利条件只会起到相反的作用。这则寓言常用来比喻行动和目的正好相反。

在这则寓言的教学中，我注重激发学生主动参与学习的积极性，好动是孩子的天性，而"动作"又是语文教学中高效的辅助手段。所以，我在语文教学中，利用表演这一形式，让学生在表演中体验角色，引导学生主动参与。抓住季梁与行人的四次对话，通过角色互换和对比，体会人物的不同心理，想象人物当时的神态动作，以读和演代讲，不仅深入理解了寓意，更内化了寓言，锻炼了孩子们的语言表达和表演能力，可谓一举多得。在此基础上，我又带领学生以不同目的性为出发点，思考"南辕北辙"是否有它真正的意义呢？让学生跳出故事之外，透过事物的现象分析本质，找到适用于"南辕北辙"的情境，从而让学生体会到抱有的目的不同，采取的做法和策略有所不同，但其选择的都是达到目标的最佳路径。

在教学中，还有一些不足之处，如在学生讨论后的小组汇报中，

对各组学生提出的意见归纳总结不够全面；小组学习过程中，对个别学生的关注还不是很到位等，在今后的教学中进行改进。

四 评研

评研1

郭江水老师执教的《南辕北辙》一课教学思路清晰，教学重难点突出。在教学中，老师引导学生阅读文本，翻译文言文，抓住人物的语言深入挖掘想法，创造性地进行表演，使学生更好地理解了文本，也为进一步理解寓意打下了良好的基础。这种以读、演方式带动阅读理解的方式很值得我们学习。

评研2

听完郭老师执教的《南辕北辙》一课给我印象最深的一点就是，在老师与学生一起初步讨论理解寓意后，跳出季梁与行人的对话，从季梁劝说魏王的角度去看待这个故事，进而理解到抱有不同的目的，必然会采取不同的行动。然后去思考：如果真的会有人明明知道目的在相反方向，为何还会一味地前进呢？从而激发学生去透过现象从不同角度看待问题的本质，让学生在语文学习中学会思辨。

评研3

在郭老师《南辕北辙》一课的教学中，我学到了很多，其中最重要的一点就是通过充分利用预习和小组学习的方式提高课堂学习效率和课堂学习活动的参与率。郭老师做到了以学定教，学生已会的、通过自学、讨论能会的通通交给学生，充分利用小组资源进行生生之间的互动，老师只在疑难之处加以引导和点拨，使课堂真正成为学生学习的空间，使学生成为学习的主人。

> 评研 4

郭老师自然亲切的教态，生动幽默的语言使整节课都充满了轻松和谐的氛围。《南辕北辙》这一课，环环相扣的教学环节，层层深入的思考讨论活动，使学生们全情投入整堂课的教学活动中。老师善于让学生发现问题，提出问题，又给出方法启发学生自己解决问题。在每次讨论过程中都鼓励学生进行梳理，然后将结果自己板书在黑板上，使课堂成为学生展示自己学习成果的舞台，大大提高了学生研究学习的积极性，是一堂值得学习的好课。

杞人忧天

授课人 孙志强

一、教学设计

教学目标

1. 了解寓言内容，明白"忧有近忧和远忧""为国为民可取，庸人自扰不必"。

2. 培养学生质疑的能力和习惯。引导学生多角度思考。

3. 创新思维，创新写作，引导学生拓展思维，多角度思考。

教学重点及难点

1. 教学重点：

（1）通过讨论不断挖掘寓言故事所揭示的道理。

（2）仿照寓言进行创编。

2. 教学难点：思维训练，多角度思考。

教学结构导图

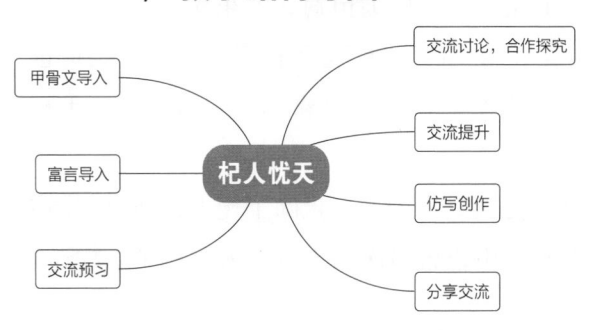

杞人忧天
- 甲骨文导入
- 寓言导入
- 交流预习
- 交流讨论，合作探究
- 交流提升
- 仿写创作
- 分享交流

🖊 思维提升，问题列举

1. 杞人忧天为什么是杞人呢？还有哪些国家的人是这种愚人？

2. 忧天到底对不对呢？忧的天是什么？

3. 如果说忧天并没有错，反而是对的，是这样吗？那杞人忧天就没有错吗？错在哪儿呢？

🖊 读写结合模板

1. 总结寓意。

2. 创编故事。

🖊 教学过程

（一）甲骨文溯源、激发识字兴趣

"杞"是形声字。从木，己声。本义：木名，枸杞。

（二）交流预习，夯实基础

1. 寓言出处导入。

问题：杞人忧天为什么是杞人呢？

杞本为树名。如"南山有杞"，出自《小雅·南山有台》。后为国名，"武王克商，求夏禹苗裔，得东楼公，封于杞，以奉禹祀（《封神演义》）。"子曰："夏礼吾能言之，杞不足征也（《论语·八佾篇》）。"《世本·王侯》中载："殷汤封夏后于杞，周又封之。"杞人就是夏朝后裔。

2. 拓展：先秦寓言愚人形象除了杞人，还有哪国人？

在先秦寓言中也曾多次出现过愚人的典型人物形象，如"宋人""郑人""齐人""楚人"等，作者们是通过他们的种种愚蠢可笑的行径来揭示政治哲学和伦理上的道理的。在政治哲学和伦理上，这些国家都是有先天缺陷的，楚人，春秋之蛮夷也。郑，累迁数亡之国，又多务商遭鄙，韩非子也拿"郑人"暗讽墨子……"杞人""宋人"，夏商遗民，杞比宋被嘲笑的少，因为它国小，司马迁说"杞小微，其事不足称述"。所以被拿来做反面教材。这里可做引申的话题很多。

（三）理解文本，阅读提升

1. 质疑问难，补充重点问题。

问题1：忧天到底对不对呢？忧的天指的是什么？

"天"是什么？天灾？天下？还是原文的"天，积气耳，亡处亡气。若屈伸呼吸，终日在天中行止，奈何忧崩坠乎？"通俗地讲，我们可以理解为大气层。

（1）如果是天灾。《史记》里记载："鲁庄公七年，鲁国西北，陨星如雨。"《左传》中也记载："夏四月辛卯，夜，恒星不见。夜中，星陨如雨。"不管是哪个记载，都说明了当时有陨星像下雨一样坠落，这场陨石雨让本就弱小的杞国受灾严重，至少半个国家的房屋被烧毁，人员伤亡惨重，我们现在人知道这是自然灾害，但是在两千多年前的古人来说，那不就是如同天塌地陷吗？杞人忧天有何错？

（2）如果是天下。范仲淹说："先天下之忧而忧。"天下兴亡，匹夫有责。这个忧就更没问题了。

（3）如果是指地球的大气层，身在大气层中，就安枕无忧了吗？全球温室效应，气温升高，臭氧层漏洞等，地球这个"天"也是值得忧的。

问题2：那这么说忧天并没有错，反而是对的，是吗？那杞人忧天就没有错吗？错在哪儿呢？

（1）忧天不错，天天"忧"，只坐在那"忧"就不对。

（2）忧天是一种情怀，忧己是一种情绪。这可以理解为忧天下是侠之大者，为国为民；而陷入忧愁的情绪里，那就是庸人自扰了。此为大忧小忧的区别。

（3）光"忧"是不行的，要有行动。

问题3：当别人跟"杞人"解释了，他马上又不忧了，你觉得有什么问题？这里又涉及求知和知行合一的问题。

2.自主探究，交流总结。

（1）小组展示成果。

（2）全班讨论，解决疑问。问题引导，深入思考。

（四）读写结合，拓展表达

1.总结寓意。

2.创编故事。指导仿写，巩固练习。

（五）布置作业，课内外结合

通过学习这则寓言故事，你有哪些收获？完成创编故事。

板书设计

```
              杞人忧天
                        解题：杞，人，天

探讨天指什么：     探讨忧：      总结：
自然界的天           对           解决方案；
天下                 错           忧天是一种情怀，
天灾                              忧己是一种情绪。
                                  忧没错，但要有所
                                  行动，知行合一
```

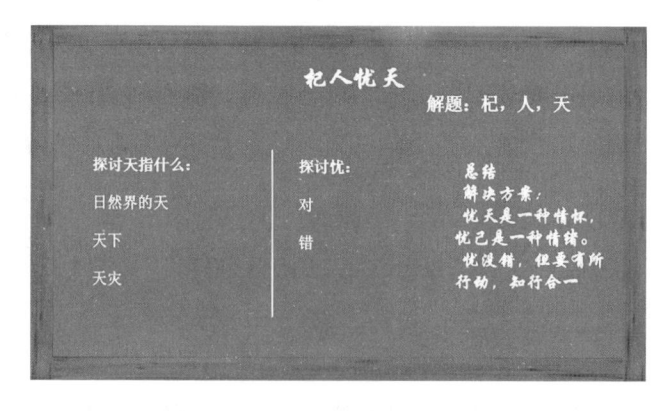

二 教学实录

（一）甲骨文溯源，激发识字兴趣

师：同学们早上好，我们来上课吧。上课！

生：起立！

生：老师好！

师：我们今天继续学习甲骨文，大家来猜猜这个甲骨文是？

生（众）："杞"。

师：看来这个字很好猜，怎么猜出来的？

生：一个木一个己，不就是"杞"吗？

师：没错，很正确，这个字就是"杞"字。看来大家也总结出规律了，古文很多上下结构的字现在分为左右，但并不影响我们认出来，比如"羣"和"峯"。那么大家猜猜，这个"杞"开始的意思应该是什么？

生（数人）：一种树吧（异口同声）。

师：厉害！一语中的。它本义就是"枸杞"。而后来有一个诸侯国以"杞"字为名，大家有了解吗？

生1：知道，杞人忧天嘛。杞国人。

师：好嘛，看来大家很熟悉，而我们今天来深度讨论这个寓言故事——杞人忧天。（亮题目）我们就题目中的这个"杞"字来讨论一个问题，这是一则寓言，按说作者可以随意选任何一国人，可为何偏偏选"杞人"呢？大家互相交换一下意见。

生1（代表小组）：杞国人受人歧视。

师：为什么，有结论吗？

生2：因为杞国是小国，不是自己人。

师：了不起，不是自己人，是因为他们是什么人，你们有调查过吗？

生：夏朝人，商朝人后裔是宋，所以宋人也经常被取笑。

师：真不错，课前预习准备很充分啊，我们回想一下，除了杞、宋，还有哪些人会成为寓言主角而被取笑呢？

学生讨论，答：郑人买履，楚人画蛇添足、自相矛盾等。

师：我们把这个作为一个主题，大家课下去研究一下寓言中的愚人角色都是哪些人，搞清楚为什么？这是一个很有趣的话题。

（二）交流预习，夯实基础

师：下面，就请我们带着预习单的问题进入今天的学习中吧。首先，我想请同学们结合注释，自由朗读课文，读准字音，读通句子，标明难解的字。

（第一遍朗读）

师：同学们，你们对哪些字词有疑问？（师生共同解决）

生1：躇、跐等。

（出示PPT，给出提示词）

师：刚才我们说了"忧"字是本文的关键词，那么，现在请你们按照"为何而忧—忧成何状—谁来解忧—何以解忧—是否解忧"的顺序，在文中找到对应的原句，老师还希望大家找到后，能用白话文翻译出来。

（生默读课文，思考问题）

师：杞人为何而忧呢？

生：对应的原句是"忧天地崩坠，身亡所寄"。翻译为：他担心天地会崩塌，自己的身体无所依托。

师：他忧成何状呢？

生：对应的原句是"废寝食者"。意思是：睡不着觉，吃不下饭。

师：谁来帮他解忧？

生：晓之者。意思就是开导他的人。

师："何以解忧？"这个问题有点复杂，我们请三位同学合作完成。

生：他首先解决了杞人担心天会塌的忧虑，原句是："天，积气耳，亡处亡气。若屈伸呼吸，终日在天中行止，奈何忧崩坠乎？"意思是：天不过是积聚的气体罢了，没有哪个地方没有空气的。你一举一动，一呼一吸，整天都在天空里活动，怎么还担心天会塌下来呢？

生：然后他帮杞人解决了担心日月星宿会坠下来的忧虑，原句是："日月星宿，亦积气中之有光耀者，只使坠，亦不能有所中伤。"这句话可以这样理解：日月星辰，也是空气中发光的东西，即使掉下来，也不会伤害什么。

生：最后解决了杞人担心地会陷下去的忧虑，原句是："地，积块耳，充塞四虚，亡处亡块。若躇步跐蹈？终日在地上行止，奈何忧其坏？"这句话翻译为：地不过是堆积的土块罢了，填满了四处，没有什么地方是没有土块的，你行走跳跃，整天都在地上活动，怎么还担心地会陷下去呢？

师：最后，杞人是否解忧了呢？

生：从文中最后一段话可以看出来，杞人的忧虑解决了，原句是"其人舍然大喜"，意思是：杞人放下了心中的忧虑，非常高兴。

（三）理解文本，阅读提升

师：同学们刚才的朗读，老师已经听到了故事的情节，本文是在对话中推进的，对话的双方是杞人和晓之者，你能揣摩他们说话的神态和语气，模仿他们的口吻对话吗？请同学们自由搭档，两人一组，一个扮演晓之者，一个扮演杞人，模仿对话。

【对话材料】

杞国有人忧天地崩坠，身亡所寄，废寝食者。

又有忧彼之所忧者，因往晓之，曰："天，积气耳，亡处亡气。若屈伸呼吸，终日在天中行止，奈何忧崩坠乎？"

其人曰："天果积气，日月星宿，不当坠耶？"

晓之者曰："日月星宿，亦积气中之有光耀者，只使坠，亦不能有所中伤。"

其人曰："奈地坏何？"

晓之者曰："地，积块耳，充塞四虚，亡处亡块。若躇步跐蹈，终日在地上行止，奈何忧其坏？"

其人舍然大喜，晓之者亦舍然大喜。

（生认真训练）

师：大家练习得很认真，现在我们所有扮演杞人的同学来对话所有扮演晓之者的同学吧。

（生分角色练习朗读）

师：声音洪亮，但老师觉得大家没有读出其中的味道，想想看是什么原因呢？

生：我认为没有读出语气？

师：那你觉得晓之者说话是什么语气？

生：我觉得他应该会是耐心劝慰的口吻吧。

生：晓之者自认为这个问题很好解决，天地崩塌的事不会发生，他是充满信心地来劝导杞人，我们应该读出他的自信。

师：同学们对晓之者的分析很在理，那我们如何读出杞人的语气呢？

生：杞人很忧虑、很担心、害怕。

师：这么忧虑的他，会是怎样的神态呢？

生：眉头紧锁，心事重重，一副苦瓜脸。

生：愁眉苦脸。

师：你们分析得很好，那愁眉苦脸是什么表情？

（生做出愁眉、苦脸的样子）

师：那现在就带着我们的体会，用刚刚分析的人物的神态和语气，大家再读一读。

（生分角色对话）

师：下面我们请两组同学展示。

（生分两组展示）

师：是的，同学们表演得很好，谢谢四位同学的表演，同时谢谢大家掌声。

（四）质疑问难

师：同学们笑了，从你们的笑声中我听出了你们的意思，因为作者对他的态度是有些不齿，有些讥笑，作者在讽刺哪类人呢？

生：为不必要担心的事而担心的人。

师：是的，在作者的笔下，一直以来，杞人就是个被嘲讽的对象，但是，横看成岭侧成峰，远近高低各不同。一种眼光看待杞人未免片面，我们换个角度来看他、分析他，可能会发现亮点。让我们深入地走进杞人，发现别人没有的发现。

（生再读课文，思考）

生：我觉得他是一个善于思考的人，他一直在考虑天塌地陷这样的大事情。

师：是啊，我同意你的看法，杞人的确是一个善于思考的人，他思考别人不屑思考的事，与众不同；思考尚未发生的事，与众不同，他是在居安思危呢！

生：我认为他敢于提问，他问得穷追不舍，他是打破砂锅问到底，不得答案不罢休。

生：我看他乐于放下，接受劝解，心中的包袱一旦解除，便"舍然大喜"。

……

师：同学们刚刚联系原文，让我们看到了杞人是一位善于思考、敢于提问、居安思危、乐于放下的人。其实，如果稍稍联系一下杞国以后的、有据可查的天灾地难的事实，天塌地陷的事情早已发生过，如彗星撞击地球、天上掉下陨石、地震等，我们就会发现：忧者该忧，杞人是一位有远见的预言家。他的担忧不仅不是多余的，而且是必须的。他的忧虑，不仅不应当被讽刺，还应当被点赞。

师：刚才我们说杞人是忧者，他该忧，是真正的智者。那么文中还有一位智者，你怎样评价他？

生：文中的那位"智者"应该是晓之者，他热心解忧，助人为乐。

生：我觉得他有优点，也存在缺点，他在帮杞人解忧的时候，有些自以为是，他的解答欠准确，似是而非，自己糊涂，还想叫别人清楚，害人不浅。

师：是啊，晓之者表面看起来他是一位智者，其实非智也。由此看来，重新审视杞人和晓之者后，我们是否从中获得另外的启示呢？

生：我们应该学习杞人，学习他的居安思危。

……

师：同学们真聪明，你们已经拥有了思辨的精神，你们学会了从不同的角度分析人物、看待问题。这则寓言也在提示我们学习杞人的深忧远虑，敢于问"天"的精神。

我们就忧"天"这件事来讨论，忧"天"对不对呢？大家思考"天"是指什么，然后再说该不该忧虑。

提示："天"是什么？天灾？天下？还是原文中"天，积气耳，亡处亡气。若屈伸呼吸，终日在天中行止，奈何忧崩坠乎？"通俗地讲，我们可以理解为大气层。

生：如果是天灾。那不就是如同天塌地陷吗？杞人忧天就没错，因为是实实在在存在的并且会威胁到生命。

生：如果是天下。忧虑天下，这个忧就更没问题了。

生：如果是指地球的大气层，身在大气层中，就安枕无忧了吗？全球温室效应，气温升高，臭氧层漏洞等，地球这个"天"也是值得忧的。

师：那这么说忧天并没有错，反而是对的，是吗？那杞人忧天就没有错吗？错在哪儿呢？

生：忧天不错，天天"忧"，只坐在那"忧"而不行动则不对。

生：居安思危是好的，而陷入忧愁的情绪里，那就是庸人自扰了。

生：光"忧"是不行的，还要有行动。

师：忧者该忧，智者非智，故事就这样流传着、上演着、变化着。你们看，远在天边的杞人之忧，如今已经近在眼前了，老师给大家带来一则《杞人忧天新篇》的故事：

【材料】

杞人的后人杞某在朋友圈发布了一则信息，内容是他将要在宜昌东山开辟旅游度假村。消息一传出，网友纷纷点赞、吐槽。一时众说纷纭、热闹非凡。看到这些，杞某开始坐卧不安、茶饭不思了，他一会儿担忧降雨滑坡造成交通堵塞，一会儿又担忧环境污染破坏景区风光。

一筹莫展之际，他打电话把晓之者的后人张某和一群朋友约来，对他们说出了他的忧虑……最后终于找到了解忧良策。

如今，他的度假村已经门庭若市，游客爆满。

师：故事中的杞某的忧虑有作用吗？为什么？

生：正是因为杞某有了忧虑，他才想办法去解决一些必须要解决的问题。

生：杞某所担忧的事的的确确是存在的，他敢于直面问题，这种姿态促进了他事业的发展。

师：展望我们未来的生活，有什么值得你忧虑的呢？

生：我忧学习，如果不好好学习就没有好的前途。

生：我担心我们的生活环境，现在污染有些严重，影响了我们的身体健康。

生：我忧虑的是我们的饮食，希望能吃到最健康、环保的食品。

……

师：大家有近忧，也有远虑，有些忧虑的事情眼前还不能马上解决，但将来一定会有更好的解决办法的。并且始终牢记，行动才是最重要的，没有行动的"忧"那只能是庸人自扰。

（五）创编

师：大家既然能够忧国忧民，居安思危，那么我们就自己"所忧"的问题，来写一篇文章，说明自己的忧，为何而忧，如何忧，又怎么解决自己的这个"忧"呢？我们留的作业在下节课分享。

那我们今天的课就到这里，谢谢同学们，下课！

三 教学反思

这节课思辨色彩较浓，思辨内容较多，其实可以考虑更好地摆正师生位置，充分相信学生的潜能。比如完全可以用辩论的形式来代替讨论。真正实现整节课课堂的活动时间由学生主宰，教师的主要作用是将各个环节衔接起来。在倾听中使课程资源不断拓展生成。学生作为学习主体，一直贯穿整个学习过程，从课前的准备，到课中的合作、探究，以及课后的拓展学习，学生都是参与者。本课的老师归纳总结太多，耽误学生的时间，完全没必要。

设计初衷是由语文学科拓展到地理、历史和哲学，并由此扩展到类似文章的学习，实现了文本到超文本；改变语文学习的本位意识，由培养学生单纯的记诵能力拓展到收集资料、处理信息的能力，使语文学习走向综合，同时让学生在学习实践中尝试探究的学习方式。但这些在这堂课上的表现得并不够突出，还应该精研教案，设计如何更好地引导问题。

课堂上对寓言寓意理解的讨论，占用了较多时间，因此预设的教学目标没有及时完成，即造成了教学预设和教学结果不成正比，拖延了教学进度。因此，在教学时间的把控、教学目标的明确、教学重点的突出等方面，自己还需要加强，虽然语文教学方法没有固定，但还是缺乏教学经验和掌握课堂的能力。学中不足，教中知困，还需要自己努力钻研。

四 评研

评研 1

思路清晰，条理清楚。课堂上有几处都做得比较好。比如：在揭题环节，杞人的"杞"的正音，引导孩子根据字义来选择读音，教给孩子据义定音的方法；关于杞人在寓言中的出现及其愚人形象的由来的讨论，拓宽了知识面；就一个"忧"和"天"的多角度论述都很有思辨训练的意义。

评研 2

新课程提倡让孩子自己去体验。在学习"忧"的部分，体会杞人如何忧时，先引导学生联系生活实际：什么样的东西会引起忧，平时你忧过什么东西？如何体现忧？该用什么神态动作和心理？这也是体验的方法，以对比的方式来体验。当然，今天的课堂上，还让孩子学着"忧"，这也是体验。孩子在体验中比较好地感受到这种忧的层次。

评研 3

本文寓意探讨的环节，为了学生能够不局限于"杞人忧天"是对为了不必要的事情而担忧的人的讽刺的理解，让学生展开了小组讨论。寓言也有启示我们乐于帮助他人的含义。换个角度可以认为杞人是指有忧患意识的人，如果缺少这种意识，社会的发展尤其是环境保护、资源利用等问题就不堪设想，而不仅仅强调有行动意识就可以。

坐井观天

授课人 刘慧慧

一、教学设计

教学目标

1. 认识"无边无际、回答、大话"等7组词语，了解形近字"渴、喝"。
2. 有节奏、有感情地朗读故事。
3. 理清故事层次，深入理解故事，能够用自己的话复述故事。
4. 理解故事内容与背景，探讨更多看世界、了解世界的方式。

教学重点及难点

1. 教学重点：理清课文层次，用自己的话复述故事。
2. 教学难点：理解寓言基本寓意，探讨更多看世界、了解世界的方式。

教学结构导图

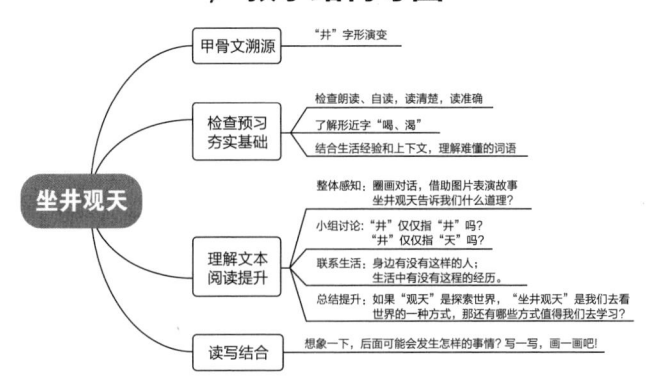

- **坐井观天**
  - 甲骨文溯源 —— "井"字形演变
  - 检查预习夯实基础
    - 检查朗读、自读，读清楚，读准确
    - 了解形近字"喝、渴"
    - 结合生活经验和上下文，理解难懂的词语
  - 理解文本阅读提升
    - 整体感知：圈画对话，借助图片表演故事 坐井观天告诉我们什么道理？
    - 小组讨论："井"仅仅指"井"吗？"天"仅仅指"天"吗？
    - 联系生活：身边有没有这样的人；生活中有没有这样的经历。
    - 总结提升：如果"观天"是探索世界，"坐井观天"是我们去看世界的一种方式，那还有哪些方式值得我们去学习？
  - 读写结合 —— 想象一下，后面可能会发生怎样的事情？写一写，画一画吧!

🖊 思维提升，问题列举

1. 青蛙和小鸟有几次对话，它们在争论什么？

2. 通过这个寓言，你明白了什么道理？

3. 坐井观天只有这一种理解吗？坐井观天中的"井"真的只是指"井"吗？"天"真的只是指"天"吗？

4. 你们生活中有没有这样的经历？你身边有没有这样的人？

5. 如果"观天"是探索世界，那"坐井观天"是我们去看世界的一种方式，那还有哪些方式值得我们去学习？

🖊 读写结合模板

想象一下，后面可能会发生怎样的事情？写一写，画一画吧！

🖊 教学过程

（一）甲骨文溯源，激发识字兴趣

1. 出示汉字甲骨文"井"，请学生根据字形猜一猜它的意思。

2. 出示汉字字源的演变过程，请学生讲一讲，教师补充。

3. 拓展跟"井"有关的词语（井底、井口、井沿）。

甲骨文"井"就像一口四周有方形石条的井，金文和小篆在中间加一点表示井水所在的位置，在后来的演变过程中，中间的点不见了，左边的竖变成了竖撇，成了现在的"井"字。

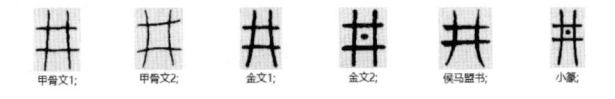

（二）交流预习，夯实基础

1. 夯实基础。检查朗读情况，要求读清楚、读准确，长句子读好停顿。

2. 辨别形近字"喝、渴"的读音，并在词语中运用。

3. 理解词语：小组讨论，结合生活经验，联系上下文理解词语的意思。理解"无边无际、大话、回答"等重点词汇。

（三）理解文本，阅读提升

1. 整体感知。

（1）青蛙和小鸟分别在哪里？找出小鸟和青蛙的几次对话。

（2）角色扮演，借助图片提示，表演坐井观天的故事。

2. 自读自悟。

（1）小鸟和青蛙在争论什么？

（2）小鸟和青蛙在第三次对话的时候都笑了，它们的笑一样吗？它们的笑分别是怎样的？

3. 小组讨论。

读完寓言以后，你有什么感受？你明白了什么道理？

预设1：青蛙目光狭隘，不能向青蛙学习。

预设2：不要像青蛙一样自以为是。

预设3：青蛙见识少，我们应该多读书，多学习，增长见识。

4. 小组讨论。

（1）青蛙和小鸟的看法为什么不一样？

引导围绕小鸟的"我从天上来，飞了一百多里"和青蛙的"我天天坐在井里，一抬头就能看见天"了解它们不同的生活处境和经验，理解它们看法不同的原因。

预设1：青蛙在井底，只能看到这么小的天。

预设2：它们所处的环境不一样，所以看到的天不一样，观点不一样。

（2）如果换成"飞天观井"呢？你觉得这个故事会怎么发展？

预设1：小鸟会说井底也就只有这么深嘛！

预设2：青蛙会说小鸟不知道井有多深，就像在"坐井观天"中小鸟说青蛙不知道天有多大一样。

5. 深度讨论。

所以，"坐井观天"真的只有上面那一种理解吗？坐井观天中的"井"真的只是指"井"吗？"天"真的只是指"天"吗？

预设1："井"不仅仅指"井"，还指见识少的人所处的环境。

预设2："井"不仅仅指"井"，还指我们自己熟悉的环境，在那里我们了解的世界就像青蛙看到的天一样那么小，但是如果我们走出这个环境就可以看到更大的世界了。

预设3：我觉得我们每个人都是青蛙，我们所在的环境、时代就是"井"，而我们要探索的世界就是"天"，我觉得"坐井观天"是提醒我们不断求知。尽管科技进步很快，我们对于宇宙的了解仍然知之甚少。而即使是我们已经了解的，学派之间仍有分歧。换句话讲，人类怕是连井口里面的这一点内容都没有完全了解。所以我觉得坐井观天就是在提醒我们要不断求知，提醒我们要尊重自然。

6. 联系经验。

你们生活中有没有这样的经历？你身边有没有这样的人？

预设1：我们都是站在巨人的肩膀上看世界，都在经历这样的事情。

预设2：小明是一名高中生，他平时只关注课本上的知识，认为自己已经掌握了所有的知识。但是有一次，他在学校组织的一次科学实验中，发现了一些超出课本的知识。于是，他开始阅读各种科学杂志和科普书籍，发现自己对这个世界的认知还有很长的路要走。这时，小明意识到了坐井观天的危害，开始不断学习新的知识和探索新的事物。

7. 如果"观天"是探索世界，那"坐井观天"是我们去看世界的

一种方式，那还有哪些方式值得我们去研究探索呢？

预设1："跳井观天"，跳出井，去看世界。

预设2："站井观天"，站在巨人的肩膀上看世界。

8.故事拓展。

井底之蛙

公子牟隐机大息，仰天而笑曰："子独不闻夫埳井之蛙乎？谓东海之鳖曰：'吾乐与！出跳梁乎井干之上，入休乎缺甃之崖。赴水则接腋持颐，蹶泥则没足灭跗。还视虾蟹与科斗，莫吾能若也。且夫擅一壑之水，而跨跱埳井之乐，此亦至矣。夫子奚不时来入观乎？'东海之鳖左足未入，而右膝已絷矣。于是逡巡而却，告之海曰：'夫千里之远，不足以举其大；千仞之高，不足以极其深。禹之时，十年九潦，而水弗为加益；汤之时，八年七旱，而崖不为加损。夫不为顷久推移，不以多少进退者，此亦东海之大乐也。'于是埳井之蛙闻之，适适然惊，规规然自失也。"

（四）读写结合，拓展表达

思考：想象一下，后面可能还会发生怎样的事情？写一写，画一画吧！

预设：青蛙听了小鸟的话，真的跳出了井口，它一下子惊呆了，看见了蓝蓝的、无边无际的天空，于是对小鸟说："你果然没有骗我，你可以带着我飞上天空，看看更广阔的世界吗？"小鸟说："可以呀，来吧，我们一起去吧！"

（五）布置作业，课内外结合

把改编的故事写出来，去查阅资料找更多相关的故事吧！

板书设计

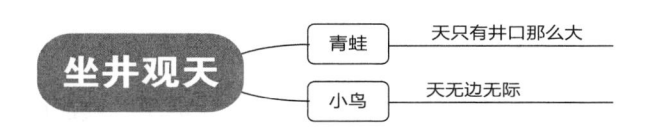

坐井观天 —— 青蛙 —— 天只有井口那么大
　　　　 —— 小鸟 —— 天无边无际

二 教学实录

（老师出示课件：井的甲骨文和小篆）

师：又到我们每课一字的时间了，这是它的甲骨文，这是它的小篆，来，猜一猜这是什么字？

生：这个字是"井"。

师：你们太棒了！是怎么看出来的？

生：可以通过它的形状猜到这个汉字，这就是象形字。

师：甲骨文"井"就像一口四周有方形石条的井，金文和小篆在中间加一点表示井水所在的位置，在后来的演变过程中，中间的点不见了，左边的竖变成了竖撇，成了现在的"井"字。

（老师出示课件：井的图片和井相关的词语）

师：井的最下面叫？

生：井底。

师：井的四周叫？

生：井壁。

师：井里的水叫？

生：井水。

师：井的最上面叫？

生：井口。

师：这里还有一个词语叫"井沿"，谁来指一指"井沿"在哪里？

（生指一指）

（老师出示文本：二年级下册第五单元《坐井观天》文本）

师：现在请大家跟自己的同桌读一读，读清楚、读准确。

生：与同桌朗读（1分钟）。

师：大家的声音很洪亮，老师发现有几个词语值得我们关注。

（出示"口渴、喝水"）

生1：三点水的是"渴"。

生2：口字旁的是"喝"。

生3：这是一组形近字。

老师：没错，看这一组词（出示"大话、无边无际"）。

生1："大话"就是吹牛。

生2："大话"就是虚夸的话。

生3：无边无际就是没有边界，很大，很宽。

师：在你心目中，哪些事物无边无际？

生1：无边无际的森林。

生2：无边无际的草原。

师：现在我们把这些词语放回到原文里面去，这次请大家边读边把故事里的对话圈出来，找一找小鸟和青蛙有几次对话。

生：三次对话。

师：请不同的小组读对话，边读边体会语气。

（边读边讨论和体会青蛙和小鸟角色的不同，讨论该用什么样的语气）

（故事表演）

师：请小组合作，借助图片提示，分角色表演故事。

（两组小朋友表演，其他小朋友从语言、语气、表情、动作四个

方面打分）

师：你们表演得很棒！而且演得时候注意到了表情和语气，表演得惟妙惟肖。

师：我们一起来聊一聊这个故事，小鸟和青蛙在争论，它们在争论什么？

生：天到底有多大。

师：从哪里可以看出来？

生1：第二次对话。

生2：青蛙说："朋友，别说大话了！天不过井口那么大，还用飞那么远吗？"小鸟说："你弄错了。天无边无际，大得很呢！"

师：它们明明在争论，可是怎么第三次对话的时候又说小鸟和青蛙都笑了，它们的笑一样吗？它们的笑分别是怎样的？

生1：不一样。

生2：青蛙觉得自己不会弄错，自以为是地笑。

生3：小鸟觉得青蛙不知道天有多大，有点无可奈何地笑。

师：读完寓言以后，你有什么感受？你明白了什么道理？

（小组讨论）

生1：青蛙目光狭隘，不能向青蛙学习。

生2：不要像青蛙一样自以为是。

生3：青蛙见识少，我们应该多读书，多学习，增长见识。

师：这则寓言通过小鸟和青蛙的争辩告诉我们一个道理，那为什么青蛙和小鸟的看法会不一样呢？

（小组讨论）

生1：青蛙在井底，只能看到这么小的天。

生2：它们所处的环境不一样，所以看到的天不一样，观点不一样。

师：如果换成"飞天观井"呢？你觉得这个故事会怎么发展？

（小组讨论）

生1：小鸟会说井底也就只有这么深嘛！

生2：青蛙会说小鸟不知道井有多深，就像在"坐井观天"中小鸟说青蛙不知道天有多大一样。

师：所以"坐井观天"真的只有上面那一种理解吗？坐井观天中的"井"真的只是指"井"吗？"天"真的只是指"天"吗？

（小组讨论）

生1："井"不仅仅指"井"，还指见识少的人所处的环境。

生2："井"不仅仅指"井"，还指我们自己熟悉的环境，在那里我们了解的世界就像青蛙看到的天一样那么小，但是如果我们走出这个环境就可以看到更大的世界了。

生3：我觉得我们每个人都是青蛙，我们所在的环境、时代就是"井"，而我们要探索的世界就是"天"，我觉得"坐井观天"是提醒我们不断求知。尽管科技进步很快，我们对于宇宙的了解仍然知之甚少。而即使是我们已经了解的，学派之间仍有分歧。换句话讲，人类怕是连井口里面的这一点内容都没有完全了解。所以我觉得坐井观天就是在提醒我们要不断求知，提醒我们要尊重自然。

师：那你们生活中有没有这样的经历？你身边有没有这样的人？

生1：我们都是站在巨人的肩膀上看世界，都在经历这样的事情。

生2：小明是一名高中生，他平时只关注课本上的知识，认为自己已经掌握了所有的知识。但是有一次，他在学校组织的一次科学实验中，发现了一些超出课本的知识。于是，他开始阅读各种科学杂志和科普书籍，发现自己对这个世界的认知还有很长的路要走。这时，小明意识到了坐井观天的危害，开始不断学习新的知识和探索新的事物。

师：如果"观天"是探索世界，那"坐井观天"是我们去看世界的一种方式，那还有哪些方式值得我们去研究探索呢？

生1："跳井观天"，跳出井，去看世界。

生2："站井观天"，站在巨人的肩膀上，看世界。

师：我们一起来读一读另外一个关于青蛙在井底的故事，阅读《井底之蛙》。

井底之蛙

公子牟隐机大息，仰天而笑曰："子独不闻夫埳井之蛙乎？谓东海之鳖曰：'吾乐与！出跳梁乎井干之上，入休乎缺甃之崖。赴水则接腋持颐，蹶泥则没足灭跗。还视虷蟹与科斗，莫吾能若也。且夫擅一壑之水，而跨跱埳井之乐，此亦至矣。夫子奚不时来入观乎？'东海之鳖左足未入，而右膝已絷矣。于是逡巡而却，告之海曰：'夫千里之远，不足以举其大；千仞之高，不足以极其深。禹之时，十年九潦，而水弗为加益；汤之时，八年七旱，而崖不为加损。夫不为顷久推移，不以多少进退者，此亦东海之大乐也。'于是埳井之蛙闻之，适适然惊，规规然自失也。"……

师：今天我们学习了两个关于青蛙的故事，请结合这两个故事，想象一下，后面可能还会发生怎样的事情？写一写，画一画！

生1：青蛙听了小鸟的话，真的跳出了井口，它一下子惊呆了，看见了蓝蓝的、无边无际的天空，于是对小鸟说："你果然没有骗我，你可以带着我飞上天空，看看更广阔的世界吗？"小鸟说："可以呀，来吧，我们一起去吧！"

师：谢谢大家的分享，今天大家表现得非常棒！小朋友可以把自己的续编画成绘本讲给更多的小朋友听哟！

生：老师再见。

三 教学反思

《坐井观天》是二年级下第五单元里的一则寓言故事。我们希望学生能够借助"坐井观天"的故事结合生活中的所见所闻，深入讨论我们在生活中该如何处理这样的事情，再把自己悟得的道理应用到生活中去。

（一）初读课文，理解文章大意

在这个环节，老师要求学生圈画小鸟和青蛙的对话，并体会三次对话中青蛙和小鸟不同的语气，体会语气的变化，并进行表演，这一环节让学生迅速地了解到了青蛙和小鸟的不同立场。

（二）讨论反思

这一环节老师以提问的方式和背景故事的讲述把学生引入情景中去，通过对"井""观"两个汉字的拆解，对学生回答的一次次追问，由浅入深，循序渐进，把学生带入更深层次的学习中去，让学生在小组讨论中，学会该如何换位思考，安坐井底时该如何看世界，跳出去以后又该如何看世界。

（三）总结拓展

结合自己生活经历，充分理解什么是《坐井观天》，从总体上来说达到了课前的预期目标。其实我们每个人都像是青蛙，人的知识不是没有边际的，它受限于时代。所以我们常常说某人有局限性。纵观历史，我们会发现即使是圣贤也无法做到了解世界和事情的全部，更何况是我们呢？这样想来我们也是受困于枯井之中，但对于坐在井底的我们来说，如何在安坐于井底时，并以井底的学问不断想象天上的风景，如何在井底时仍然有所得，如何保持自己的本心，不至于狂妄自大而失了分寸。这对我们老师来说也是一种警醒。

四 📖 评研

评研 1

慧慧老师执教的《坐井观天》整体教学环节基本完成，教学目标清晰明确。教师边指导学生阅读，边引导学生体会故事中人物的情绪和说话的语气，同时老师进行了大量的资料拓展，让学生在情境和实践中进行思考，让生成与思辨成为学生的自主行为。

评研 2

老师的授课环节教学设计完整，教学理念清晰，教学目标明确，教态自然，语言流畅。教师以思辨为切入点，与学生进行互动，激发学生的学习热情和主动性，引导学生深入思考，具有较强的课堂掌控能力和应变能力。

评研 3

这节课还是比较成功的，老师抓住重点和难点，以生为本，以"演"入境，在朗读正确的基础上，让学生入情入境，让学生以表演的方式进入情境，把自己当作故事中的人物，让学生主动参与讨论、探究和思辨。

评研 4

这堂课的课程导入环节很吸引人，从朗读开始再体会再表演，一步一步带领着学生在打好基础的同时，又进入深度的思考和辩论，整节课孩子们大胆分享和讨论，课堂氛围非常融洽。

评研 5

慧慧老师的课在有深度的同时兼顾了基础，从最简单的字词入手，再过渡到对话的分析和表演，让孩子们对故事中的人物理解不再是扁平的印象，人物形象一下子变得生动起来，为后面进行深入的讨论奠定了很好的基础。

寓言心读 YUYAN XINDU

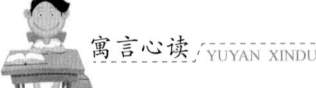

郑人买履

授课人　刘海侠

一、教学设计

教学目标

1. 能够自主学习文言文。
2. 能够熟练地朗读文言文，并尝试背诵。
3. 明白寓言故事的寓意，并能结合自己的生活实际谈谈感想。

教学重点及难点

1. 教学重点：了解故事内容，在诵读中感受文言文的语言特点。
2. 教学难点：感悟寓言的寓意，并能结合生活实际说说自己的感受。

教学结构导图

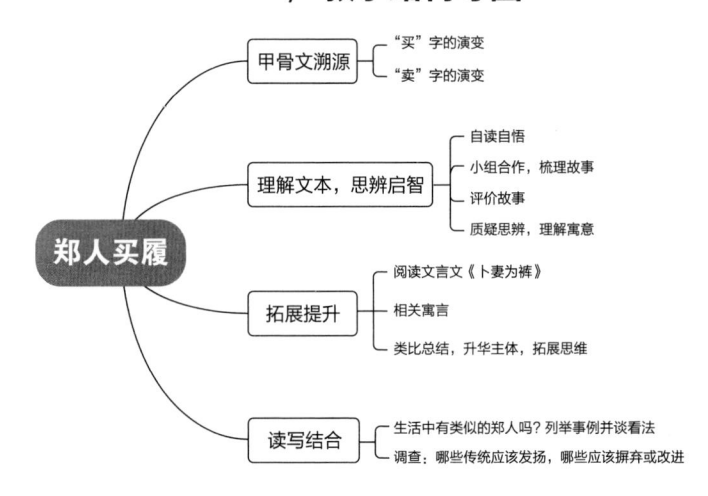

郑人买履
- 甲骨文溯源
  - "买"字的演变
  - "卖"字的演变
- 理解文本，思辨启智
  - 自读自悟
  - 小组合作，梳理故事
  - 评价故事
  - 质疑思辨，理解寓意
- 拓展提升
  - 阅读文言文《卜妻为裤》
  - 相关寓言
  - 类比总结，升华主体，拓展思维
- 读写结合
  - 生活中有类似的郑人吗？列举事例并谈看法
  - 调查：哪些传统应该发扬，哪些应该摒弃或改进

🖊 思维提升，问题列举

1. 这个郑国人最终为什么没有买到鞋？
2. 你觉得郑人是个怎样的人？可笑在哪里？
3. 生活中有没有类似《郑人买履》的人和事？
4. 思辨：我们知道，寓言的特点就是借助讲一个故事，告诉人们一个道理，学了这个寓言故事，我们从郑人身上引以为戒，做事或看待事物时应坚持什么？改变什么？

🖊 拓展阅读，体会道理

《卜妻为裤》及类似寓言故事。

🖊 教学过程

（一）甲骨文溯源，激发识字兴趣

1. "买"的繁体字写作"買"，上面是一个表示"网"的"罒"，下面是一个表示财产的"貝"，即"贝"。"贝"是古代的货币。所以，这个字的意思是带着一兜子的"贝"去买东西。

| （甲骨文） | （篆文） | （繁体） | （简体） |

与"买"的意思相反的"卖"字，篆文中，其上面是个"出"字，下面则是"买"字（如下）。

（篆书的"卖"字）

2. "卖"是一种"卖出"东西的行为，"买"则表示这是一种与"买"相关的活动；在卖者为"卖"，在买者则为"买"。后来在隶书中，将上面的"出"讹变为"士"，从而写成了"賣"；今简化为"卖"，

下面成了一个"头"字。

（二）交流预习，夯实基础

1. 读了题目《郑人买履》，你了解到了哪些信息？

2. 我们已经学习了14篇文言文，掌握了文言文的学习方法，大家预习了吗？请同桌两人一组互相读并正音。

（三）理解文本，阅读提升

1. 朗读文言文。

郑人买履

郑人有欲买履者，先自度其足，而置之其坐。至之市，而忘操之。已得履，乃曰："吾忘持度。"反归取之。及反，市罢，遂不得履。人曰："何不试之以足？"曰："宁信度，无自信也。"

---

2. 古人云：书读百遍，其义自见。

课文已经我们已经读熟了，请小组内将这篇文言文用自己的话讲一讲。要求语句通顺流利，故事情节完整，有能力的话可以加入合情合理的剧情。

3. 小组内派代表讲故事。

指导方法：讲明时间、地点、人物和他做了什么事？

（生练习说，老师相机指导）

（同桌互说互演）

4. 你觉得这个郑国人怎么样？为什么？（小组讨论，全班分享）

（预设：这个郑国人太可笑了……）

5. 读出韵味。

师：明白了古文的意思，再读文章会更有韵味。

（生练读。指名读，齐读，背诵）

（四）教学过程，拓展表达

1. 这个郑国人最终为什么没有买到鞋？

你觉得郑人是个怎样的人？可笑在哪里？

2. 拓展阅读文言文《卜妻为裤》。

3. 讨论总结：《卜妻为裤》中的卜人的妻子和《郑人买履》中的郑人有什么共同之处？

4. 这两则寓言告诉我们什么？这则寓言讽刺了怎样的人？

5. 结合生活实际讨论，小组全班分享。

生活中有没有类似《郑人买履》的人和事？

6. 思辨：我们知道，寓言的特点就是借助讲一个故事，告诉人们一个道理，学了这则寓言故事，我们从郑人身上引以为戒，做事或看待事物时坚持什么？改变什么？

（五）布置作业，课内外结合

1. 读《中国寓言故事》。

2. 小练笔：了解中国传统文化，写一写哪些可以发扬光大？哪些可以摒弃？并说明原因。

板书设计

```
              郑人买履
    ┌───────────┼───────────┐
   起因         经过         结果
  自度其足   忘操之，反归取之   市罢，遂不得履
         
         墨守成规，不懂变通，固执
         
         思辨：坚持、改变
```

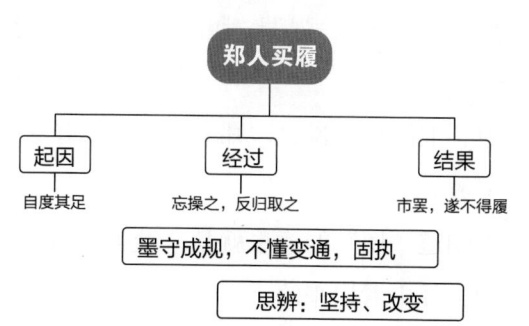

寓言心读
YUYAN XINDU

二 教学实录

（一）甲骨文溯源，激发识字兴趣

师：请大家猜猜课件上的这两个甲骨文是什么字？

生：是买和卖。

生：老师，我能讲得更清楚，甲骨文上面是"网"，下面是"贝"。表示用渔网打捞到贝壳，在古代用贝壳当货币，表示可以买东西的买。第二甲骨文是在买的上面加了一个甲骨文的"出"字，就是将货物卖出去的意思。

师：对了，今天我们就要学习一篇关于买东西的文言文：《郑人买履》。

（师出示课件）

生：郑人买履。

（二）交流预习，夯实基础

1.师：同学们，我们以前学习过不少的寓言故事，知道了寓言是文学作品的一种体裁，它用简短的故事，告诉了我们一个深刻的道理。谁能把你知道的寓言故事和它告诉给我们的道理简单地说一说。

生1：我知道寓言故事《自相矛盾》，它告诉我们……

生2：我知道寓言故事《狐假虎威》，它告诉我们……

师：看来，同学们以前学过的知识还掌握得挺牢固。今天我们将要学习一则新的寓言。（板题，强调"履"字的写法）请大家齐读课题。

（生齐读）

师：通过预习，谁能说一说，"郑人买履"是什么意思？

生：郑国人买鞋。

师：你是怎么知道"履"的意思就是"鞋子"的呢？

生：从书上的解释中看出来的。

师：你真会学习！参照注释理解课文是学习文言文的一个好方法。

师：请同学们想一想,当我们拿到一篇文言文,首先应该做什么呢？

生：要多读几遍。

师：对,古人说,书读百遍,其义自见,朗读也是学习文言文的好方法。

2.初步感知。

师：很好,今天我们就用你们自己归纳的方法来学习这篇文言文。

（生汇报）

（1）师：谁能大胆地读给大家听一听？

师：不错！声音很洪亮,尤其是文中的这个多音字"度",你读得很准确。这个字在文中出现了三次。（出示全文,三个"度"字用红色字体强调）你能带着大家读一读吗？（出示句子,生带读含"度"的三个句子）

（2）师：谢谢你！老师想问你,你这样读的理由是什么呢？

生：在预习课文时,通过书上的注释我知道了在"先自度其足"中"度"这个字的意思是量长短,所以读"duó",在"吾忘持度"和"宁信度"中,它们的意思都是指量好的尺码,所以都应该读"dù"。

师：非常棒！判断准确,表述清楚。让我们把掌声送给他！

（3）师：（出示全文）还有谁来读一读？（生读）不错！字正腔圆。

（4）还有这么多同学想读啊,想读的同学请站起来,我们一起读一读。昨天鼓励大家主动背诵,会背的同学请用自信的眼神看着老师背。（生齐读）

师：同学们读背得真流利！那这些深奥难懂的文字到底给我们讲了一个什么故事呢？接下来我们小组合作学习,在读中来理解课文内容。

寓言心读 YUYAN XINDU

（三）理解文本，阅读提升

1. 自学课文。

师：请一个同学读读自学要求。（课件出示小组合作学习要求）

课文已经我们已经读熟了，请小组内将这篇文言文用自己的话讲一讲。要求语句通顺流利，故事情节完整，有能力的话可以加入合情合理的剧情。按照要求，开始学习吧！

（学生朗读理解，教师巡视）

2. 汇报，交流。

师：大家读得很认真，讨论也很热烈！谁先来说一说，你们小组读懂了哪些字、词呢？

3. 讲故事。

师：接下来请大家在理解了课文的基础上，在小组内组织语言，讲一讲这个故事，比比哪组讲得好。（小组合作编故事）

师：哪个小组来讲讲这个故事？咱们请一个小组来交流，其他的同学认真听。（很多学生举起了手）

（小组代表上台讲故事）

生1：从前，有个郑国人，自己的鞋子破了一个大洞……

生2：古时候，有个叫郑二狗的人……

生3：……郑人一摸口袋，糟了，忘带记好的尺码了。于是他匆忙放下他精挑细选的鞋子朝着家的方向奔跑起来，边跑边对老板说："一定等我回来。"老板眼疾手快冲上去拉住郑人的衣服说："用你的脚试试就可以。"郑国人坚定地说："我只相信我量好的尺码。"答完，头也不回地继续跑了。哎！这郑人怎么这么呆板，不知变通啊！……

生4：……结果这个郑国人将尺码拿回集市时，集市上已经空空如也，他只好懊丧地穿着自己的破烂鞋子回家了。

师：大家讲述时将这个寓言故事的起因、经过、结果讲得特别有条理，以后我们写一件事情的时候也要将事情有条理地表达出来。

4. 拓展，思辨。

师：讲得不错！看来同学们对课文内容已经非常熟悉了。请大家想一想，如果你是卖鞋的老板，一个顾客站在你的鞋摊前想买鞋，你会对他说什么呢？

生1：客官，整个集市上，就数我们店里的鞋款式最多。您瞧瞧！

生2：这面料、这做工，简直没话说！

生3：这鞋不仅质量好，价格也很便宜，我给您挑一双试试吧！

师：这个郑国人把鞋拿在手上，左看右看，却说了一句——

生齐答：吾忘持度！

师：你觉得他会怎样说这句话？

（课件出示句子：他会着急地说："吾忘持度！"）

生1：他会惊讶地说："吾忘持度！"

生2：他会着急地说："吾忘持度！"

生3：他会恍然大悟地说："吾忘持度！"

师：于是这个郑国人匆匆忙忙回家去取尺码，等他回来，集市已经散了，他没有买到鞋。这时，周围的人们议论纷纷。他们可能会说些什么呢？

生1：这个人真是奇怪啊！他不会用脚试试吗？

生2：这个人真是太笨了！

生3：我从见过谁这样买鞋的。还有什么比自己的脚更准确的？

生4：这个人跑来跑去，结果还是没买到鞋，真是好笑！

如果当时你就在人群中，你会有怎样的感受呢？

生：我会充满了疑惑。

师：那你带着疑惑来读一读这个问句。（出示句子）

师：当时就在人群中的你，还会觉得怎样？

生：我会觉得很惊讶。

师：那你惊讶地问一问？

（生读句子，根据朗读情况给"何不"加着重号）

师：除了惊讶，还会怎样？

生：我还会觉得奇怪。

师：带着这样的语气读读！

师：还会有怎样的感觉呢？

生：还会觉得不可思议。

师：那你读出不可思议来！

师：听到别人这样问，这个郑国人是怎样回答的？

（出示句子）

（全班齐答——宁信度，无自信也）

师：大家想一想，如果买鞋的老板再劝他买，他会不会改变主意呢？

师：从哪个字可以看出来？（"宁"加着重号）

师：从这里，我们可以看出他是一个怎样的人呢？

生1：可以看出他是一个顽固的人。

生2：还可以看出他是一个倔强的人。

生3：还可以看出他是一个呆板的人。

（四）读写结合，拓展表达

1.师：这位郑国人宁可信尺码，也不相信自己的脚。他买鞋的故事，成了千古笑谈。谁能给他提点建议，告诉他今后应该怎么做？

（投影出现一个很疑惑的郑人图片，并配上语言：我应该怎么办呢？）

生1：做事情要动脑筋，应该从多个角度去思考。

生2：我想告诉他，今后要尊重一些应该有的规律，不能墨守成规。

生3：不管遇到什么事情都要灵活处理。

2.师：从这个郑国人身上，你受到了什么启发呢？

生1：我们不能像他一样。我们应该多想办法去解决问题。

生2：我们应该对自己有信心，遇事要灵活处理。

生3：不管做什么事，都应该多动脑筋思考。

3.拓展阅读：文言文《卜妻为裤》（小组合作理解文言文的意思）。

4.这两则寓言告诉我们什么道理？这则寓言讽刺了怎样的人？

师：读后要知道讲的是什么故事？我看到有好几个同学在读的过程中不由自主地笑了出来，能给大家讲讲为什么吗？

生1：《卜妻为裤》中的妻子和《郑人买履》中的郑国人真可笑，不知变通，墨守成规。

生2：我觉得卜人面对这样的新裤子时的表情一定很无语。

生3：我觉得卜人穿上这样的裤子上街一定会是他们那条街上最靓的仔了。

师：的确是啊！卜妻万万没想到两千年以后破洞裤特别流行。看来看问题我们要从多角度去看。这两则寓言告诉了我们什么？这则寓言讽刺了怎样的人？

生齐：墨守成规、生搬硬套、死板教条、冥顽不灵、因循守旧。

5.揭示寓意，结合生活实例。

师：（出示句子）当事情发生变化的时候，我们要做好各种准备。不能墨守成规，要尊重客观规律，遇事要多动脑筋，灵活办事。这便是这则寓言告诉我们的道理。（板书：寓意：多动脑筋，灵活办事）我们一起来读一读！同学们，只要我们留心观察，不难发现还有很多类似"郑人买履"之类的事例，你发现了吗？

生1：有的同学家庭作业本忘了带回家，就不做家庭作业。

生2：有个别同学忘了带课本，上课就只能干着急，甚至麻烦家长送。

生3：我们以前学过得寓言故事《刻舟求剑》，那个在刻记号的地方找剑，也是同样的道理。

生4：我们国家历史悠久，有很多传统文化，有些就应该发扬传承，有些就应该摒弃掉。

……

师：是的，我们从郑国人身上引以为戒，做事或看待事物要明白该坚持什么。要改变什么。

（五）布置作业，课内外结合

1.师：同学们，理解了课文内容，并悟出了其中的道理。还自主学习了《卜妻为裤》。希望同学们在今后的学习中，能够多学，多归纳，找出更多的学习方法，让我们的学习更有趣，更快乐！也希望我们都能从寓言中吸取教训，明辨事物的本质。

2.布置作业。

（1）阅读课外书：《中国古代寓言故事》。

（2）背诵寓言《郑人买履》，将《郑人买履》《卜妻为裤》这个故事讲给你喜欢的人听。

（3）小练笔：了解中国传统文化，写一写哪些可以发扬光大？哪些可以摒弃？并写明你的观点。

师：下课！

三 教学反思

《郑人买履》出自战国韩非《韩非子·外储说左上》。《韩非子》是战国时期著名思想家、法学家韩非的著作总集。

读完这个故事，相信很多人都会哑然失笑，这个人难不成是智商有问题吗？他相信用纸条量的脚的长度但不相信脚，可是这纸条的长度也是来源于脚呀。

了解了韩非子的学说之后，我们再来看郑人买履这个故事，可以说一下子就豁然开朗了。韩非子写这个故事，并非是要描写一个思想极度僵化的郑国人，他是在描写一类不能与时俱进，也不能随机应变的大众。韩非子的思想同样适用于我们的教育教学。

寓言中的郑国人在生活中映射的还有哪些人？作为教师教学到底是教什么？究竟应该如何教学生呢？学生又究竟应该如何学习呢？似乎还是有学不完的知识，学生的问题也是千奇百怪。作为教师，希望每一个学生遇到的问题和困难，我们都能找到对应的解决方案。我们试图在撰写新的"鞋码"，但是这样真的就够了吗？我想这是远远不够的。

教学的含义就是此时此刻的发生，在课堂上与学生的互动，教学就在互动中生成了。教师去享受课堂，去看看是不是真的此时此地就在课堂上，并且与学生进行真实的课堂互动。让自己沉浸在课堂，并且在课堂上去感受和聆听学生的个人需求。利于每节课来启发学生开阔思维，引导学生在自主学习的道路上"择其善者而从之，其不善者而改之"。

四 评研

评研1

这节课上得很成功，教师能抓住课文的重点和难点，以生为本、以疑为线、以读说议为主、以拓展为目标，通过正确、流利、有感情地朗读课文，使学生在读中感悟，读中理解，使学生乐于站上讲台去表达自己的理解。在理解的基础上体会并善于发现学生的优点。这样所带来的效果使得学生更加享受课堂。

评研 2

在课堂教学中注重创设和谐平等的师生关系，注重人文熏陶。课堂上师生之间的关系是平等和谐的。教师和学生有一种心灵上的沟通，通过平等的交往，学生在民主、自由的气氛中，体验到学习的乐趣，从而受到鼓励、赞赏，使思维更加活跃，增强语文学习的积极性。

评研 3

教师能合理组织学生自主学习、合作探究，对学生的即时评价具有发展性和激励性。教师能有效改变课程实施过程中过于强调接受学习、死记硬背和机械训练的现状，倡导学生主动参与、乐于探究、勤于动手的学习方式。

评研 4

新课程观认为"世界是学生的教科书"，新教材具有开放性的特点。教师能善用教材去教，能依据课程标准，因时因地开发和利用课程资源，注重联系社会变革和学生的生活实际。

评研 5

课堂上学生动起来了，课堂气氛活跃起来了，小组讨论、合作探究的学习方式学生运用得驾轻就熟。这样课堂上教师不仅解放了学生的耳，还解放了学生的脑、口、手。学生的思维模式与表达能力就水到渠成了。

三人成虎

授课人 杨成艳

一、教学设计

教学目标

1. 能够熟练朗读文章，并能够背诵。
2. 了解"三人成虎"的含义，结合自己的生活实际谈感想。

教学重点及难点

1. 教学重点：魏王对庞聪失去信任的原因是什么？
2. 教学难点：夸赞一个人会给他带来什么影响？

教学结构导图

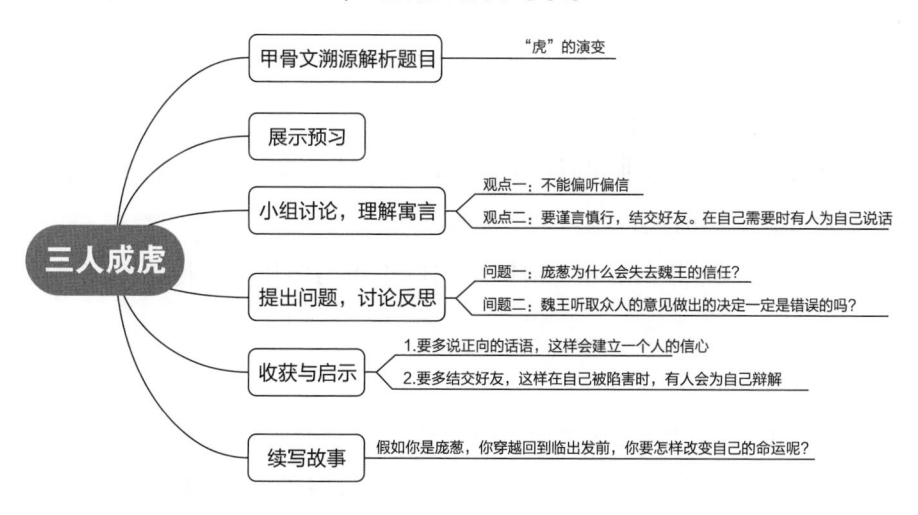

三人成虎
- 甲骨文溯源解析题目 —— "虎"的演变
- 展示预习
- 小组讨论，理解寓言
  - 观点一：不能偏听偏信
  - 观点二：要谨言慎行，结交好友。在自己需要时有人为自己说话
- 提出问题，讨论反思
  - 问题一：庞葱为什么会失去魏王的信任？
  - 问题二：魏王听取众人的意见做出的决定一定是错误的吗？
- 收获与启示
  1. 要多说正向的话语，这样会建立一个人的信心
  2. 要结交好友，这样在自己被陷害时，有人会为自己辩解
- 续写故事 —— 假如你是庞葱，你穿越回到临出发前，你要怎样改变自己的命运呢？

🖊 教学过程

（一）甲骨文溯源，解析题目

1. 出示甲骨文。

师：同学们，有谁认识这个字？

生：老师，这个字念虎，是一个象形字。

2. 甲骨文拓展。

师：说到象形字，请同学们认一下这些甲骨文。

生：这是十二生肖的象形字……

师：同学们说得非常好。今天咱们就学习一则跟虎有关的寓言。

（二）小组讨论，理解寓意

（老师出示成语）

师：同学们，有谁知道这个成语故事？

生：在战国时期，魏国大臣庞葱……

师：同学讲得非常好。请同学们以小组为单位，讨论这则寓言的含义。

（小组讨论）

师：有谁可以说说这个成语的含义？

生1：这个故事告诉我们一件事情说的人多了，就能使人们把谣言当作事实。

生2：谎言重复千遍，就会被当作真理。

师：同学们总结得非常对。

（三）提出问题，讨论反思

师：同学们，庞葱失去了魏王的信任，这固然有其他人的不当行为导致，那请你从魏王的角度思考一下，他听取众人的意见这个行为本身有什么不妥吗？

（小组讨论）

生1：我们的认知有限，魏王作为一国之君，要想治理好国家，肯定是要听取众人意见的。

生2：如果一个君王只信任一个人，那么这个君王很有问题，第一说明他不能信任别人，他手下的大臣会人人自危，这样的国家怎么能强大呢。另一个就是这个君主不能处理好自己与大臣的关系，这样君臣不是一条心，怎么能治理好国家呢。

师：同学们思考得很深入，下一个问题：庞葱为什么会失去魏王的信任呢？

生1：魏王作为一个君主，肯定有偏听则信的地方，所以他会听取其他大臣的意见，那很多的大臣都在说庞葱的坏话，魏王肯定要思考，庞葱真的值得信任吗，这是人之常情。

生2：庞葱作为一个大臣，不能跟其他人搞好关系，导致自己孤立无援，这不是庞葱该思考的问题吗？

师：同学们说得很好，你们从全局分析了庞葱失宠的原因。对于一国之君重复地说一个人的不好会影响这个君王的判断，那我们常常去说其他人的优点，对这个人会有什么影响呢？请看你们手中的材料。

寓言心读

材料一：孟母三迁的故事

孟子很小的时候，父亲就去世了，孟母依靠纺织麻布来维持艰难的生活。孟子非常聪明，看见什么就学什么，而且模仿本领特别强。

起初孟子家在墓地附近，每隔几天，就会有送葬的队伍吹着喇叭经过他家门口。好奇的孟子就跟着送葬的队伍学着吹喇叭，引得一群孩子跟在他后面跑着玩儿，大家一起玩儿送葬的游戏。孟母非常重视孟子的教育问题，看到孟子整天吹喇叭玩儿送葬游戏，赶紧就把家搬到了城里，住在屠宰场的旁边。搬到城里后，孟子每天都到屠宰场去看杀猪，那些屠夫杀猪时手脚利落，十分熟练。孟子看在眼里，记在心上。没过多久，他竟然能帮着杀猪了。孟母非常着急，又把家搬到了学堂附近。于是，每天早晨，孟子都跑到学堂外面，摇头晃脑地跟着学生们一起读书，并且变得守秩序、懂礼貌。当时，孔子的孙子正在这里当老师，他见孟子学什么都很快，而且记忆力特别好，就非常喜欢他，还让他免费进学堂读书。后来，孟子果然没有辜负孟母的期望，成为战国时期的思想家和儒家学派的主要代表人物。

材料二：卡耐基与继母的故事

在卡耐基9岁的时候，家里很穷，而且那时候他的父亲把继母娶进了家门，继母拥有较好的家庭环境。有一次，他父亲一边向卡耐基的继母介绍卡耐基，一边说："亲爱的，希望你以后注意一下这个最坏的男孩，他的坏，可让我头疼，说不定会在哪天拿块石头向你扔去。"

让人出乎意料的是，继母听后，微笑着走到卡耐基的面前，轻轻地托起他的头并温柔地看着他。接着又看着丈夫说："你错了，卡耐基他不是最坏的男孩，而是一个最聪明，但还没有找到散发热忱的地方的男孩而已。"

　　继母把卡耐基心里说得热乎乎的，突然眼泪哗哗地流下。继母这一句话，对卡耐基是一个大大的鼓励，卡耐基和他的继母开始建立了良好的友谊。也就是这一句赞叹的话，成为激励他的一种最大动力，也因为有了继母的这一句话，卡耐基往后创造了成功的28项黄金法则，并因为那句话卡耐基帮助全世界千千万万的普通人走上了成功和致富的光明大道。

　　师：同学们，读了这两个故事，有什么启示？

　　生1：负面的话语会摧毁一个人，但正面的教导却可以成就一个人。

　　生2：我们要用正面的话语与他人沟通，说不定能够让一个摆烂的人重拾信心。

　　（四）联系生活，总结收获

　　师：是的，同学们。三人成虎这个故事原意是"谎言重复千遍，就会被当作真理"，所以，我们不要说谎言，我们在平日与同学的交往中多说对方的优点，多去赞美他人，这样我们不只会收获一个朋友，我们更有可能去成就一个人。

　　（五）编写故事

　　师：同学们，如果你是庞葱，你有一次机会穿越回出发之前，结合今天咱们讨论的内容，你会怎么做？请你将故事编写出来吧。

板书设计

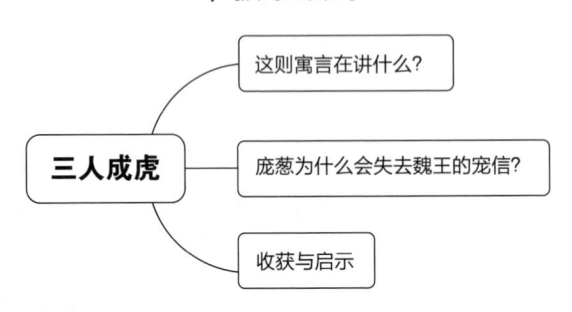

```
            ┌─ 这则寓言在讲什么?
  三人成虎 ─┼─ 庞葱为什么会失去魏王的宠信?
            └─ 收获与启示
```

二 教学实录

（一）甲骨文导入

1. 出示甲骨文。

师：同学们，有谁认识这个字？

生：老师，这个字念"虎"，是一个象形字。

师：说到象形字，请同学们认一下这些甲骨文。

2. 甲骨文拓展。

学生齐声回答：这是十二生肖的象形字：鼠、牛、虎、兔、龙、蛇、马、羊、猴、鸡、狗、猪。

师：同学们说得非常好。今天咱们就学习一篇跟虎有关的寓言。

（二）小组讨论，理解寓意

（老师出示成语）

师：同学们，有谁知道这个成语故事？

生：战国时期，魏国大臣庞葱陪同太子前往赵国做人质，临出发前，他对魏王说："如今有一个人说街市上出现了老虎，大王相信吗？"魏王回答："我不相信。"庞葱又问道："如果有两个人说街市上出现了老虎，大王相信吗？"魏王说："我会有些怀疑。"

庞葱接着又说："如果又出现了第三个人说街市上有老虎，大王相信吗？"魏王回答："我当然会相信。"庞葱说："很明显，街市上根本不会出现老虎，可是经过三个人的传播，街市上好像就真的有了老虎。而今赵国都城邯郸和魏国都城大梁的距离，要比王宫离街市的距离远很多，对我有非议的人又不止三个，还望大王可以明察秋毫啊。"魏王说："这个我心里有数，你就放心去吧！"

果然，庞葱刚陪着太子离开，就有人在魏王面前诬陷他。刚开始时，魏王还会为庞葱辩解，诬陷的人多了魏王竟然信以为真。等庞葱和太子回国后，魏王再也没有召见过他。

师：同学们讲得非常好。请同学们以小组为单位，讨论这则寓言的含义。

师：有谁可以说说这个成语的含义？

生1：这个故事告诉我们一件事情说的人多了，就能使人们把谣言当作事实。

生2：谎言重复千遍，就会被当作真理。

生3：大街上根本没有老虎，这是确凿无疑的，就因为人们都这么说，才变成了真有其事。成语寓言告诉我们，在现实生活中我们既不要信谣，更不能传谣，要善于从纷繁复杂的社会议论中认真分析，谨慎思考，要时刻保持一颗清醒的头脑，只有这样，才能少犯错误，甚至不犯错误。

老师：同学们总结得非常对。

（三）提出问题，讨论反思

老师：同学们，庞葱失去了魏王的信任，这固然有其他人的不当行为导致，那请你从魏王的角度思考一下，他听取众人的意见这个行为本身有什么不妥吗？

（小组讨论）

学生1：我们的认知有限，魏王作为一国之君，要想治理好国家，肯定是要听取众人意见的。我认为魏王听取众人意见没有什么不对，唐太宗李世民就是一位很善于听取大臣意见的明君呀。

学生2：如果一个君王只信任一个人，那么这个君王很有问题，第一说明他不能信任别人，他手下的大臣会人人自危，这样的国家怎么能强大呢。另一个就是这个君主不能处理好自己与大臣的关系，这样君臣不是一条心，怎么能治理好国家。明朝的一些皇帝宠信太监，建立特务机构——东厂，用来监听大臣的言行，这样做真的好吗？

老师：同学们思考得很深入，下一个问题：庞葱为什么会失去魏王的信任呢？

学生1：魏王作为一个君主，肯定有偏听则信的地方，所以他会听取其他大臣的意见，那很多的大臣在说庞葱的坏话，魏王肯定要思考，庞葱真的值得信任吗，这是人之常情。当然魏王不经过调查只是听大臣的话就给庞葱下了结论，这种做法是不可取的。

学生2：庞葱作为一个大臣，不能跟其他人搞好关系，导致自己孤立无援，这不是庞葱该思考的问题吗？我认为庞葱更应该检讨自己，为什么出使他国之后会被那么多人说坏话。

老师：同学们说得很好，你们从全局分析了庞葱失宠的原因。对于一国之君重复地说一个人的不好会影响这个君王的判断，那我们常常去说其他人的优点，对这个人会有什么影响呢？请看你们手中的材料。

材料一：孟母三迁的故事

孟子很小的时候，父亲就去世了，孟母依靠纺织麻布来维持艰难的生活。孟子非常聪明，看见什么就学什么，而且模仿本领特别强。

起初孟子家在墓地附近，每隔几天，就会有送葬的队伍吹着喇叭经过他家门口。好奇的孟子就跟着送葬的队伍学着吹喇叭，引得一群孩子跟在他后面跑着玩儿，大家一起玩儿送葬的游戏。孟母非常重视孟子的教育问题，看到孟子整天吹喇叭玩儿送葬游戏，赶紧就把家搬到了城里，住在屠宰场的旁边。搬到城里后，孟子每天都到屠宰场去看杀猪，那些屠夫杀猪时手脚利落，十分熟练。孟子看在眼里，记在心上。没过多久，他竟然能帮着杀猪了。孟母非常着急，又把家搬到了学堂附近。于是，每天早晨，孟子都跑到学堂外面，摇头晃脑地跟着学生们一起读书，并且变得守秩序、懂礼貌。当时，孔子的孙子正在这里当老师，他见孟子学什么都很快，而且记忆力特别好，就非常喜欢他，还让他免费进学堂读书。后来，孟子果然没有辜负孟母的期望，成为战国时期的思想家和儒家学派的主要代表人物。

材料二：卡耐基与继母的故事

在卡耐基9岁的时候，家里很穷，而且那时候他的父亲把继母娶进了家门，继母拥有较好的家庭环境。有一次，他父亲一边向卡耐基的继母介绍卡耐基，一边说："亲爱的，希望你以后注意一下这个最坏的男孩，他的坏，可让我头疼，说不定会在哪天拿块石头向你扔去。"

让人出乎意料的是，继母听后，微笑着走到卡耐基的面前，轻轻地托起他的头并温柔地看着他。接着又看着丈夫说："你错了，卡耐基他不是最坏的男孩，而是一个最聪明，但还没有找到散发热忱的地方的男孩而已。"

继母把卡耐基心里说得热乎乎的，突然眼泪哗哗地流下。继母这一句话，对卡耐基是一个大大的鼓励，卡耐基和他的继母开始建立了良好的友谊。也就是这一句赞叹的话，成为激励他的一

寓言心读 YUYAN XINDU

> 种最大动力，也因为有了继母的这一句话，卡耐基往后创造了成功的28项黄金法则，并因为那句话卡耐基帮助全世界千千万万的普通人走上了成功和致富的光明大道。

师：同学们，读了这两个故事，你有什么启示？

生1：卡耐基的故事告诉我们：负面的话语会摧毁一个人，但正面的教导却可以成就一个人。

生2：如果我们用正面的话语与他人沟通，或许能够让一个摆烂的人重拾信心。

生3：语言营造的环境对一个人的健康成长非常重要。孟子在墓地听送葬的队伍吹喇叭，就学着吹喇叭，而到了学堂，听到夫子对学子的教导，就去学习怎样读书。所以话语对一个人有很重要的教导作用。

（四）联系生活，总结收获

师：是的，同学们。三人成虎这个故事原意是"谎言重复千遍，就会被当作真理"，所以，我们不要说谎言，我们在平日与同学的交往中多说对方的优点，多去赞美他人，这样我们不只会收获一个朋友，我们更有可能去成就一个人。

（五）编写故事

师：同学们，如果你是庞葱，你有一次机会穿越回到出发之前，结合今天咱们讨论的内容，你会怎么做？请你将故事编写出来吧。

三 教学反思

在本课的设计中，我做到了以下几点。

（一）注重学情，提升学生语文素养

六年级的孩子有一定的古文基础，在设计本课时，我选择了"三人成虎"的古文，一方面是培养他们的古文鉴赏能力，另一方面也是为他们在初中的古文学习中夯实基础。

（二）潜心研究，培养学生探究能力

俗话说："万变不离其宗。"知识也是这样。为了知识发挥实效，实现知识的活学活用，我充分调动学生的积极性，通过语言对一个人的影响展开本课的讨论。学生们在讨论中深入思考，不断地认识到语文的学习不只是文字内容的学习，更是为人处世的学习。

（三）不足之处

从整个课堂教学效果来看，我还没能广泛唤醒学生的主体意识，使全体学生真正达到读有所思，读有所感，读有所悟，读有所获。

在朗读加强指导方面还做得不够细致到位，可以说学生还没有掌握朗读的要领，朗读的效果还很青涩。

四 评研

评研1

杨老师在课堂上要扮演"导演"的角色，而不是"演员"的角色。在杨老师的精心调度下，所有学生时时刻刻扮演着"演员"的角色，学生读、说、思，环环相扣，忙而不乱，都有自己的事可做。

评研2

本堂课教学目的全、准且实用性强，切合实际。教学重点明确，突出重点的方法恰当、有效。教学难点解决的方法恰当、有效。教学内容信息量大，教学结构安排科学，从容自然，有张有弛。教学过程

体现两性（工具性和人文性），两种积极性（教师的教和学生的学）调动了学生。教学方法灵活有效，课堂反馈渠道畅通无阻，形式多样，思想多维，矫正及时有效。

评研3

老师对新授课的课堂授课模式掌握得很好，重视知识产生的过程和知识掌握的过程。教师激励评价学生语言精练、亲切、得体，过渡自然，能充分利用学生已有知识经验解决新问题，在教学过程中教给学生正确看待评价事情的方法。如果能联系最近发生的热点事件去讨论，丰富多媒体内容，我想本堂课会更精彩。

评研4

这堂寓言课很有意义，学生听后很受启发。这是一堂实用、有效的公开课，老师在教学过程中非常注重引导学生如何学、如何做，目的是帮助学生学习。总的说来，师生的精神面貌、学习氛围、课堂流程、目标落实、双基训练、德育渗透都做得比较好。

评研5

这堂课的导入知识性、思想性完美结合，拨动学生的心弦，为整节课的顺利进行定下了完美的基调。这节课的导入很新颖，有趣味性、启发性，学生的学习欲望一下子被调动起来了。环节非常明晰。并且环环相扣，有落实，有测验，有反馈，有巩固，有发展。

望洋兴叹

授课人　杨锦

一　教学设计

教学目标

1. 正确、流利、有感情地朗读文本。
2. 理解寓言故事，感悟故事中蕴含的道理，学会正确地看待自己及解决生活中的实际问题。

教学重点及难点

1. 教学重点：读懂古文，并能复述故事情节。
2. 教学难点：能从寓言故事中总结道理，畅谈感受。

教学结构导图

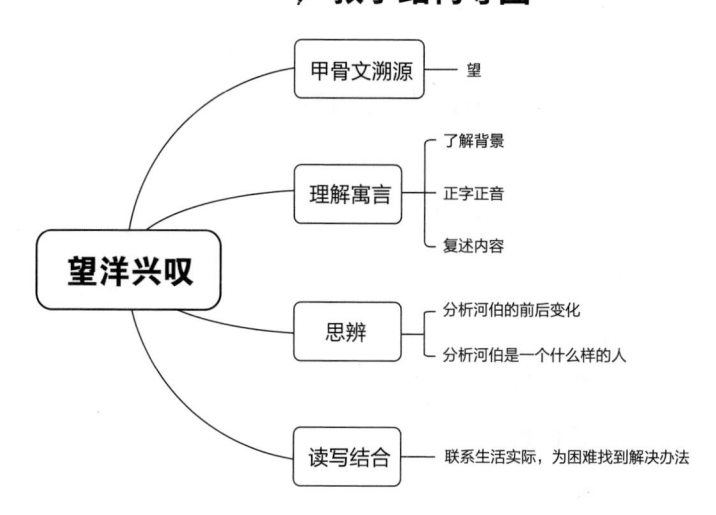

```
                    ┌─ 甲骨文溯源 ── 望
                    │
                    │                  ┌─ 了解背景
                    ├─ 理解寓言 ───────┤─ 正字正音
                    │                  └─ 复述内容
         望洋兴叹 ──┤
                    │                  ┌─ 分析河伯的前后变化
                    ├─ 思辨 ───────────┤
                    │                  └─ 分析河伯是一个什么样的人
                    │
                    └─ 读写结合 ── 联系生活实际，为困难找到解决办法
```

思维提升，问题列举

1. 对于"望洋兴叹"这个词有什么想问的吗？
2. 河伯在看到北海前后，态度上有变化吗？是怎么变化的？
3. 你们觉得河伯是一个什么样的人呢？
4. 联系生活实际举出望而兴叹的例子，并想出解决办法摆脱困境。

读写结合模板

看之前，河伯的心态_____。

看之后，感慨地说："懂得__越多，便认为___说得正是我啊！___。"

教学过程

（一）甲骨文溯源，激发识字兴趣

一个人站在地上，睁大眼睛望着月亮，就是望月。

（二）交流预习，夯实基础

1. 齐读课题。

2. 对于"望洋兴叹"这个词有什么想问的吗？

预设1：兴叹是什么意思？

预设2：他到底在感叹什么呢？

（三）分析课文

1. 了解故事背景，分角色朗读。

2. 自由朗读，全班齐读，整体感知。

3. 结合注释，复述内容。

预设：秋天的洪水随着季节的到来，大水按时节高涨了。主人公河伯不服气，想要亲眼看看北海和自己到底哪个更大。看完之后他感慨地说："我真的是太狂妄自大了，以前我都不相信，现在亲眼见到北海，真是自愧不如。"

（四）理解文本，阅读提升

1. 小组思考、讨论。

河神的态度前后有什么变化？从课文中找出相应的句子，并说说你的理解。

预设：刚开始，河伯河神欣然自喜，后来自愧不如。

2. 用原文的话再说一说。

3. 问题探究。

（1）你觉得河伯是一个什么样的人？

预设：狂妄自大。

（2）从寓言中得到了什么启示？

预设：做人不要狂妄自大，更不能好高骛远。

（五）读写结合，拓展表达

1. 望洋兴叹只能是望"洋"吗？还可以是望什么？

预设：还可以望"成绩"。

2. 想改变困境，除了"叹"还能做哪些努力呢？

（六）布置作业，课内外结合

（1）回家把故事讲给家人听。

（2）联系生活实际，说一说哪些情况是望洋兴叹，并给出解决办法。

板书设计

看之前　　看之后

狂妄自大　幡然醒悟

扬扬得意　谦虚好学

天外有天、人外有人，观察事物全面客观、学无止境

二　教学实录

师：同学们早上好，我们来上课吧。上课！

生：起立！

生：老师好！

师：大家来猜猜这个甲骨文？

生1：像"人"。

生2：像"立"字。

生3：可能是"望"字吧。

师：为什么是"望"字呢？

生：从这个字里面我看到了我们一年级学过的"月"的甲骨文，右上部分就是"月"，一个人站在地上看着月亮。

师：没错，一个人站立着抬头看月亮，这个动作就是"望月"。所以这个字就是"望"字。

师：那我们今天来学一个跟"望"有关的寓言故事——望洋兴叹。读完课题，你有什么想问的呢？

生1：他在望什么呢？

生2：兴叹是什么意思？

生3：他到底在感叹什么呢？

师：那就请我们带着问题进入今天的学习中吧。首先，了解一下

故事背景。我想邀请两位同学和我一起分角色、有感情地朗读。

师：相传很久很久以前，黄河里有一位河神，人们叫他河伯。河伯站在黄河岸上，望着滚滚的浪涛由西而来，又奔腾跳跃向东流去，他兴奋地说——

生1："黄河真大呀，世上没有哪条河能和它相比。我就是最大的水神啊！"

师：有人告诉他——

生2："你的话不对，在黄河的东面有个海神，叫北海（今为渤海），那才真叫大呢。"

师：河伯说——

生1："我不信，北海再大，能大得过黄河吗？"

师：那人说——

生2："别说一条黄河，就是几条黄河的水流进北海，也装不满它。"

师：河伯固执地说——

生1："我没见过北海，我不信。"

师：那人无可奈何，告诉他——

生2："有机会你去看看北海，就明白我的话了。"

师：准确、流利，相当有感情，听着你们绘声绘色地朗诵这个故事，我们仿佛跟这篇课文的意境融为一体了。掌声送给你们！

师：从故事中，我们可以了解到河伯和那人争执不休。那么接下来，故事会怎么发展呢？大家讨论一下。

生1：河伯觉得自己是最大的河神，根本不相信对方说的话，他自顾自地欣赏自己这条河的宏伟壮观，依旧我行我素。

生2：河伯不相信他说的话，于是计划去那个地方求证一下。

生3：河伯心理突然紧张，心想：怎么会有比我还大的河呢，我得去看一看。

去到那里以后,看见了北海,发现确实比他大。

师:同学们都说得很好,真像你们说得这样吗?到底会是哪一种呢?我们一起来看看。

师:这个故事源于中国古代的一本经典著作《庄子·秋水》。请大家根据拼音,熟悉这篇古文,小组间自由朗读,正字正音。

师:好的,我邀请两位同学分别读这两段。

生1:秋水时至,百川灌河;泾流之大,两涘渚崖之间,不辩牛马。于是焉,河伯欣然自喜,以天下之美为尽在己。顺流而东行,至于北海。东面而视,不见水端。

生2:于是焉河伯始旋其面目,望洋向若而叹曰:"野语有之曰,'闻道百,以为莫己若'者,我之谓也。且夫我尝闻少仲尼之闻,而轻伯夷之义者,始吾弗信;今我睹子之难穷也,吾非至于子之门则殆矣,吾长见笑于大方之家。"

师:字音准确,看来小组合作很到位!现在,请各位同学根据节奏符号自由朗读,注意停顿。

师:齐读,预备——齐。

生:秋水时至,百川灌河;泾流之大,两涘渚崖之间,不辩牛马。于是焉,河伯欣然自喜,以天下之美为尽在己。顺流而东行,至于北海。东面而视,不见水端。于是焉,河伯始旋其面目,望洋向若而叹曰:"野语有之曰:'闻道百,以为莫己若'者,我之谓也。且夫我尝闻少仲尼之闻,而轻伯夷之义者,始吾弗信;今我睹子之难穷也,吾非至于子之门,则殆矣,吾长见笑于大方之家。"

师:你们的朗读节奏把握得很准确,抑扬顿挫,起伏有序,给你们点赞!

师:接下来,希望大家结合注释,根据框架来复述故事内容。小组内先讨论起来吧。

生1：秋天的洪水随着季节的到来，大水按时节高涨了。主人公河伯不服气，想要亲眼看看北海和自己到底哪个更大。河伯乘兴顺着流水向东而去，到了黄河入海的尽头（黄河注入渤海），面朝东望了望，只见一片汪洋，天水相接，无边无际，看不见大海的尽头，被那里的水势惊呆了。到这时，河伯这才脸色大变，顿时开始改变他那扬扬自得、欣然自喜的骄傲面目。

看完之后他感慨地说："我真的是太狂妄自大了，以前我都不相信，现在亲眼见到北海，我真是自愧不如。"

生2：有一年秋天，河伯想去看北海。绵绵秋雨不停地落，百川的水都流入黄河。河水漫过了两岸的沙洲和高地，河面也变得越来越宽阔，已经看不清对岸的牛马了。

河神见状欢欣鼓舞，自我陶醉，以为天下美景已尽收自己的流域。河神扬扬得意顺流东下，到达北海，看到北海浩瀚一片，无边无涯。

感叹地说道："今天要不是我亲眼见到这浩瀚无边的北海，我还以为黄河是天下无比呢！"

师：这么难的题你们都能回答得很完整，小组的力量真是了不起！

师：那么老师想问了，河伯在看到北海前，心态上有变化吗？用自己的话在小组内先说一说吧。

生1：河伯在未见到大海之前，得意扬扬，自以为是，认为天底下没有比它水势更大的水域了。

生2：刚开始，河伯河神欣然自喜，后来自愧不如。

生3：河伯刚开始狂妄自大，自以为是，直到看见北海之后，才发现自己同大海相比是微不足道的，感叹自己的见识是多么的浅薄，这也是望洋兴叹这个成语的由来。

师：说得很好，那么，如果用原文的话来说呢？

生1：于是焉，河伯欣然自喜，以天下之美为尽在己。顺流而东行，至于北海。东面而视，不见水端。

师：接着他去了北海，看完之后有什么反应呢？

生1：于是焉，河伯始旋其面目，望洋向若而叹曰："野语有之曰：'闻道百，以为莫己若'者，我之谓也……"

师：好，我们一起试着背一背。

生：于是焉河伯欣然自喜，以天下之美为尽在己。于是焉，河伯始旋其面目，望洋向若而叹曰："野语有之曰：'闻道百，以为莫己若'者，我之谓也……"

师：你们太棒了，在短时间内就背下来了，看来你们对这个故事印象很深。那你们觉得河伯是一个什么样的人呢？（板书）

生1：看到北海之前是狂妄自大、扬扬得意、骄傲自满。

生2：看到北海之后我觉得他担心被嘲笑。

生3：他很谦虚好学，别人说完之后他居然去看了。

生4：我觉得河伯他后来其实幡然醒悟了。

师：怎么醒悟了呢？

生：看到北海之前欣然自喜，看北海之后望洋兴叹，为自己的浅薄感到惭愧了呀。

师：不错，那这篇寓言故事给了你们什么启示呢？

生1：做人不要狂妄自大，更不能好高骛远。

师：要知道，人外什么，天外什么。

生1：天外有天，人外有人，学无止境，一往无前。

生2：其实一山更比一山高，做人要低调，不能像河伯刚开始那样扬扬得意。

生3：观察事物要全面客观准确，千万不要狂妄自大，自以为是。

师：你说得太准确了，观察事物一定要全面。总结一下：我们要时刻谨记，人外有人，天外有天，观察事物要全面客观、学无止境。

师：同学们，这个寓言其实也比喻现实中因能力不足而感到无可奈何的人。他们遇到困难会像河伯一样发出感慨。那这样的人我们要怎么帮助他呢？请同学们联系生活实际举出望而兴叹的例子，并想出解决办法摆脱困境。小组先讨论吧。

生1：幼儿园的时候，我发现妈妈比我高很多，我特别羡慕。但是妈妈说我一时半会不可能比她高。我有些失望和难过，以为自己长不高了。

师：看来你和河伯一样，也发出了感叹。那后来你有想办法吗？

生1：没有。

师：好的，那我们一起帮她想一想吧。

生：想长高，我们可以多喝牛奶，跳绳也是特别好的办法。

师：没错。如果你小时候这么想，现在肯定会长得更高吧。

生：上学期期末考试看着同桌每门课都成绩优异，再看看自己的成绩，我也只得望洋兴叹了。后来，这学期开学的时候，我和妈妈一起商量出这学期的学习计划，并且认真执行。在上一次知识过关检测的时候，我的成绩提高了一点，我很开心呀。

师：没错，望洋兴叹不要怕，人外有人、天外有天不要怕，能力不足更不要怕，找到解决办法并去执行使之成为欣然自喜的事就好啦。学习这篇课文，我们先读懂了故事，然后明白了故事中蕴含的道理，以后我们遇到寓言故事时，就可以按"理解题意—了解内容—联系实际—体会寓意"这样的方法去学习。今天的作业是将这篇寓言故事回家讲给爸爸妈妈听。

三 教学反思

以读为本，是语文教学的基石。并且贯穿于课堂始终。这一点，我做到了。

（一）初读课文

老师在导入文本之后，再引导学生带着问题读课文，感知文本，使阅读不再盲目，提高了阅读的质量。

（二）自读课文

如果说初读课文是为了感知故事梗概，那么自读就是对阅读的更进一步了。在学生初步感知课文的基础之上，我引导学生深入理解课文，同时注重对学生多方面能力的培养。

（三）情境创设

情境创设是有利于学生由此及彼，深入思考的。我就用具体的问题，创设出相应的情境，让同学们在想象中理解故事背景，把握文本的意思，从而获得体验。

我们的教学往往会有一些遗憾，这节课也是，在对寓言的道理理解上，我总结的不够全面。在对问题的思辨过程中，引导孩子的提问不够准确和精练。这方面还需要通过多观看名师课堂，学习名师的语言、衔接语，需要多多练习来达到。

四 评研

评研1

杨锦老师执教的《望洋兴叹》一课充满了琅琅读书声和孩子们热烈讨论的画面。无论是从师生分角色朗读入课，还是理解内容后的分角色朗读，直至体会人物内心感受体会朗读，在杨老师的引导下，孩子们入情入境地学习，结合生活实际入情入境地理解、讨论，积极发表自己的看法。在此基础上，孩子们讨论除了"兴叹"之外还能做些什么，拓宽了学生的思路，为学生提供了思辨训练的契机，取得了较好的教学效果。

> 评研 2

　　杨锦老师的教态优雅从容，课堂中与学生的互动很好，每个环节同学们都积极参与。一开始同学分角色朗读是一个亮点，生动活泼，引入课文情境。学生课前预习很到位，课堂中书声琅琅。建议课程思辨环节，对于提问的设计可以再优化。

> 评研 3

　　杨锦老师的课，学生预习非常充分，难度很大的古文，学生学习得很到位，课堂环节设置合理。可是后面讨论时的问题指向不清楚，学生没有抓住老师的要点，望洋兴叹中包含的渺小感、无奈感，学生感受起来比较模糊，可以再多准备一些材料给孩子们搭建思维的桥梁。

> 评研 4

　　教师教态端庄，这篇文言文很长，难度系数对于三年级孩子来说挺大，但这班孩子的阅读功底很高，读起来特别流畅，理解能力也相当不错，展现了老师平日的语文训练。

> 评研 5

　　这堂课的课程导入环节很吸引人，从老师和学生的分角色朗读开始，很快将同学们代入了课堂情境当中，整堂课非常具有语文的味道，学生的朗读声贯穿始终，能看到老师在平日也非常关注朗读的训练。在课堂设计环节上流程清晰，环环相扣，一步步地引导孩子们进行分享和讨论，同学们大胆发言，积极思考，课堂氛围非常融洽。

鲁人徙越

授课人 郭江水

一、教学设计

教学目标

1. 正确朗读、理解寓言，背诵寓言。
2. 理解鲁人徙越的寓意，并以此为基点进行问题思辨。
3. 思考鲁人摆脱"悄怆而返"结局的方法。

教学重点及难点

1. 教学重点：理解鲁人徙越的寓意。
2. 教学难点：思考鲁人摆脱"悄怆而返"结局的方法。

教学结构导图

鲁人徙越
- 课堂小结
- 改编结局
- 多角度思维
- 甲骨文溯源
- 感知故事
- 理解寓意

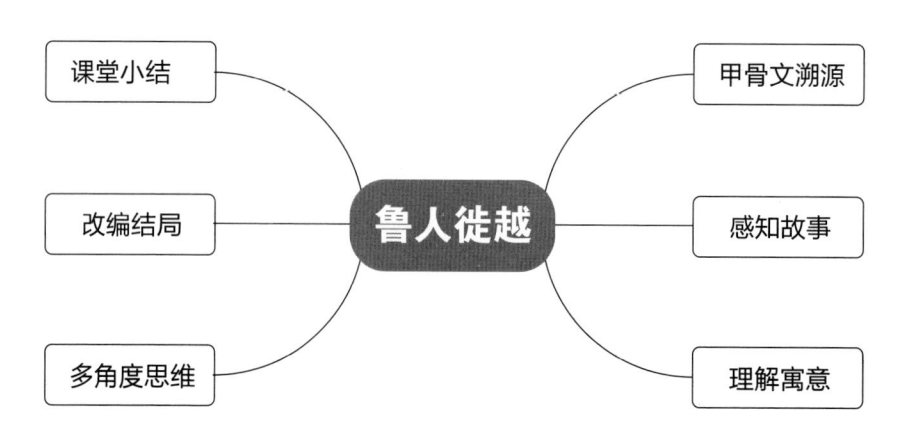

🖊 思维提升，问题列举

面对"跣行""披发"的越人，鲁人夫妇只有"悄怆而返"的结局吗？如果你是遇到困局的鲁人，会做些什么呢？

🖊 教学过程

（一）甲骨文溯源，激发识字兴趣

出示甲骨文"徙"，猜一猜这是什么字，是什么意思？

1. 从字形了解"徙"的字义。

左半部分表示"道路"，右半部分表示两只行走的脚。

2. 揭示课题"鲁人徙越"。

（二）检查预习，感知内容

1. 根据提示词，理清故事情节。

课前我们已经读过《鲁人徙越》的故事了，你能根据提示词来讲一讲这个故事吗？

> 出示文本
>
> 鲁人——织麻鞋，妻子——织白绢做帽子，迁徙到越国。
> 有人说……鲁人问……
> 　　那人回答说："草鞋是……但越国人却……
> 　　　　帽子是……但越国人却……
> 　　　　你们的手艺……可是……
> 鲁人不理睬，忧郁悲伤地回来。

2. 初读文言文，扫清字词障碍。

（1）出示原文，这则寓言选自《韩非子·说林上》（《淮南子·说山训》《说苑·反质》都曾收入。共有两个版本，前大半部分相同，但结果不同，本课文就版本一进行授课），读准字音，读通句子，读好停顿。

鲁人身善织屦，妻善织缟，而欲徙于越。或谓之曰："子必穷矣！"鲁人曰："何也？"曰："屦为履之也，而越人跣行；缟为冠之也，而越人被发。以子之所长，游于不用之国，欲使无穷，其可得乎？"鲁人不应，携妻之越。居三月，悄怆而返。

（2）生自由读文言文《鲁人徙越》。

（3）指名读文言文，纠正读音和断句。

3. 质疑讨论，理解文意。

（1）交流预习结果，组内说一说每句话的意思，将不懂的地方在组内讨论。

（2）生提出疑问，互相解答。

（三）理解寓意，背诵文言文

1. 通过表演，深入理解。

（1）师做示范，以鲁人身份，结合原文中的词句进行表演。

（2）学生以小组为单位，分角色进行表演。

（3）小组展示表演，师生共同评价。

2. 回顾故事细节，体会人物心理。

（1）对鲁人提出建议的人，不仅提出了自己的看法，还讲明了自己的理由，可谓是有理有据。这时提建议的人会是一种怎样的心理，又该是怎样的语气和动作呢？我们一起化身为这个人，来劝一劝鲁人吧！

生齐表演。

（2）此时的鲁人是什么表现？各位"鲁人"，你为何不应呢？可以说说你心里的想法吗?

3.借助关键词语,练习背诵。

鲁人身善____,妻善____,而欲____。或谓之曰:"_____。"鲁人曰:"_____?"曰:"屦为履之也,而越人____;缟为冠之也,而越人____。以____,游于____,欲使无穷,其可得乎?"

鲁人不应,携妻之越。居三月,___。

(四)理解寓意,多角度思辨。

1.讨论结局,体会寓意。

(1)鲁人"悄怆而返",悲伤地回来了。你猜他们在越国有着怎样的经历吗?

(2)从"悄怆而返"的结局中,你得到了哪些经验教训?请小组讨论,进行总结。

小组讨论,将得到的启示归纳总结,并板书在黑板上。

(3)小结:我们在《鲁人徙越》的故事中体会到了应该找到自己的用武之地才能施展才华,要采纳别人的合理建议等经验教训。

2.多角度思辨,改变结局。

(1)那么我们换个角度来想一想,面对"跣行""披发"的越人,鲁人夫妇只有"悄怆而返"的结局吗?如果你是遇到困局的鲁人,会做些什么呢?你能逆袭成功吗?

(2)小组讨论,先罗列出各种解决办法,集体交流对策。

(3)对比之前你对寓意的理解,现在你有什么新的感受吗?

(五)读写结合,拓展想象

请根据下面的提示,结合讨论结果,改写故事。

鲁人来到越国,发现这里的人果然光着脚走路,披散着头发,他心想:(有什么想法和打算)。于是他(如何实施,做了哪些方面的努力)。

（六）课堂小结，总结收获

1. 生分享这节课的收获。

2. 课后作业：跟家人讨论鲁人徙越这则寓言，把你续编的故事讲给家人听。

板书设计

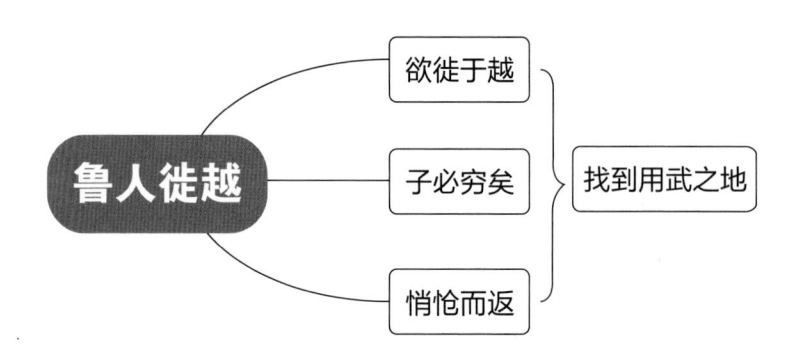

鲁人徙越 —— 欲徙于越、子必穷矣、悄怆而返 → 找到用武之地

二 教学实录

（一）甲骨文溯源，学习"徙"字

（出示甲骨文图片）

师：今天我们继续来学习甲骨文。大家看一看这个甲骨文，猜一猜是什么字。

（众生猜不出）

师：大家看字的左边像不像一条大路？仔细观察，右边又像什么呢？

生：像两只脚。

师：有两只脚在大路上一直走，那是代表什么呢？

生：要去远处。

师：是的。这条路就是我们的双人旁，两只脚演变成"走"，所以这个字就是"徙"。所以"徙"的本意就表示迁移。

师：今天我们就学习一个与"徙"字有关的寓言故事——《鲁人徙越》。

（二）检查预习，感知故事内容

1. 根据提示词，理清故事情节。

师：课前我们已经读过《鲁人徙越》的故事了，你能根据提示词来讲一讲这个故事吗？

（生讲故事）

2. 初读文言文，扫清字词障碍。

师：故事的原文是这样的（出示原文），它出自《韩非子·说林上》。请大家认真读一读，读准字音，读通句子，读好停顿。

（生自由读文言文《鲁人徙越》）

（师指名读文言文）

3. 置疑讨论，理解文意。

师：课前我们已经预习了文言文，你能说一说每句话的意思吗？请小组内说一说《鲁人徙越》每句话的意思，提出不懂的地方小组讨论解决。

（生小组讨论）

师：请大家说一说有哪些疑问还没有解决？

（生提出问题，互相解答）

（三）理解寓意，背诵文言文

1. 通过表演，深入理解。

师：现在大家都理解这篇小古文的内容了吗？

生（齐）：理解了。

师：那我可要来检查一下了。大家需要用"表演"的方式来展示自己的理解。

（师做示范，以鲁人身份，结合原文中的词句进行表演）

（学生以小组为单位，分角色进行表演）

（小组展示表演，师生共同评价）

师：对鲁人提出建议的人，不仅提出了自己的看法，还讲明了自己的理由，可谓是有理有据。这时提建议的人会是一种怎样的心理，又该是怎样的语气和动作呢？我们一起化身为这个人，来劝一劝鲁人吧！

（生齐表演）

师：此时的鲁人是什么表现？

生：鲁人不应。

师：各位"鲁人"，你为何不应呢？可以说说你心里的想法吗？

生：我觉得自己的手艺好，鞋帽的质量好，不怕卖不出去。

2.借助关键词语，练习背诵。

鲁人身善____，妻善____，而欲____。或谓之曰："____。"鲁人曰："____？"曰："屦为履之也，而越人____；缟为冠之也，而越人____。以____，游于____，欲使无穷，其可得乎？"

鲁人不应，携妻之越。居三月，____。

（四）理解寓意，多角度思辨

1.讨论结局，体会寓意。

师：故事的结局，鲁人"悄怆而返"，悲伤地回来了。你猜到是怎样的结局了吗？

生1：他在越国做生意赔本了才回来的。

生2：一定是他到越国后，没有人买他的鞋和帽子，经营不下去所以又回到了鲁国。

生3：越国人光脚、披头散发，他的鞋和帽子根本就卖不出去，当然买卖会做不成了，最后只能回到鲁国。

师：从"悄怆而返"的结局中，你得到了哪些经验教训？请小组讨论，进行总结。

小组讨论，将得到的启示归纳总结，并板书在黑板上。

师小结：我们在《鲁人徙越》的故事中体会到了应该找到自己的用武之地才能施展才华，要采纳别人的合理建议等经验教训。

2. 多角度思辨，改变结局。

师：那么我们换个角度来想一想，面对"跣行""披发"的越人，鲁人夫妇只有"悄怆而返"的结局吗？如果你是遇到困局的鲁人，你会怎样解决眼前的困境呢？

小组先阅读补充材料，再进行讨论，罗列出各种解决办法和策略。各组派代表发言。

生1：适应越国人的习惯改变产品品类，鲁人夫妻善织屦和缟，就用这两样东西改做越国人常用的其他生活用品或衣服，这样就能打开销路了。

生2：鲁人夫妻可以大力宣传穿鞋戴帽的好处，让越国人喜欢上穿鞋戴帽，自己的鞋帽自然也就有了销路。

生3：他们可以采用买一送一的促销方式让越人认识到鞋与帽的价廉物美、舒适美观，或者在当地采买一些越国人喜欢的东西，把鞋帽当作赠品，更容易让越人接受。

生4：可以花钱请当地的越国人给他们当模特，帮助他们一起宣传，现身说法。

……

（五）读写结合，拓展想象

师：大家所想的解决办法都很好，那么我们可以通过我们的聪明才智来帮助这对鲁人夫妻渡过难关，改变他们"悄怆而返"的悲惨命运。请大家改写《鲁人徙越》故事的结尾。

鲁人来到越国，发现这里的人果然光着脚走路，披散着头发，他心想：（有什么想法和打算）。于是他（如何实施，做了哪些方面的努力）。

生小组讨论，展示交流。

（六）课堂小结，总结收获

师：学了《鲁人徙越》之后，你有哪些收获？

生：我明白了要想取得更大的成就一定要找到用武之地。

生：我懂得了要听取别人的意见，但更要有自己的判断。

生：我还知道了要从不同的角度去思考问题。

生：我知道了，做事情前要做好市场调查，多方考虑后，选择最优的方案。

生：我知道了做任何事准备充足可以降低风险。

师（小结）：大家说得都非常有道理，我们从一个寓言、一个故事中得到了这么多启示，正是因为大家善于开动脑筋，能从不同角度看待问题的结果，希望大家在今后的学习和生活中，也能站在不同角度思考问题，做一个爱动脑、善思考的孩子。

三 教学反思

《鲁人徙越》出自战国哲学家、思想家、政论家和散文家韩非的《韩非子·说林上》。寓言说的是鲁人身怀绝技却要去无用武之地的越地的故事，其本意是在表明做任何事情都必须考虑客观情况，若只凭主观臆断，结果必定失败。这则寓言构思巧妙，以"善织屦"与"跣行"相对，以"善织缟"与"披发"相对，这样"欲使无穷，其可得乎"

的结论便水到渠成了。但如果从另一个角度来看，我们会发现"鲁人"的市场发展远见和开拓精神也是极为令人佩服的。回到故事中，鲁国善于织屦与善织缟的人一定不在少数，而鲁人夫妻把目光转向了市场空白的越国，不得不说是有一定商业头脑的。其问题在于如何推广或适应新市场的发展，开创一片新天地。所以为了能让学生入情入境地体会和思考，我着重进行了以下设计：

1. 将讲、读、译、演、议、辩相结合，开展全方位的阅读活动。

课前以布置学生预习为基础，课上先来"讲一讲"进行整体感知，再"读一读"引入文言文学习，接着让学生在小组内逐句交流"译一译"，并找出不懂的问题集体讨论解决，字词句的难点就此突破。接下来，让学生通过小组为单位"演一演"，进一步揣摩人物心理和故事前后的因果关系，最终通过"议一议"得出对人物的理解，帮助人物脱离困境的方法，以及读后受到的启发。在整个教学过程中，让学生真正成为课堂的主人，让学生不仅动手、动口、动脑，还动身、动情地参与语文学习，使学生不仅学习了语文知识，提高了表达能力，更训练了学生的思辨能力。既使学生明白了要选好用武之地发挥才能的道理，又明确了具有辩证、多角度思考、解决问题是重要的生存能力。

2. 巧妙设计问题，引导学生进行思辨训练。

在整节课的教学中，课堂的最大亮点就是学生们对于"鲁人夫妻难道真的只能悄怆而返的结局吗？如何能解决眼前的困境？"这一问题的讨论。应道学生跳出"悄怆而返"的结局，结合当今营销现实（如格兰仕从羽绒厂改行到做微波炉，巨人集团的消费引导事例等），让学生充分认识到，对市场的准确把握和对顾客群体的培养是成功的关键，从而感受到遇到问题可以从多角度思考，理清各方面因素，再整体考虑找到最优的解决策略，从而培养了学生思辨能力和解决问题的能力。

这节课中也有一些不足的地方：

1. 在集体交流的过程中，对学生"放"得不够"开"，由于学生的讨论热情比较高，担心课堂时间的问题，没有充分让学生发表自己的看法，改变困境的具体策略。

2. 课堂的容量比较大，改写寓言的部分只停留在了口头上，对每个学生的情况没有清晰的把握。

在今后的教学中我会不断总结经验，逐步提高教学设计的科学性，达到更好的教学效果。

四 评研

评研 1

在《鲁人徙越》一课的教学中，郭老师创设了良好的学习情境，激发了学生参与课堂学习的积极性，从课始的甲骨文猜字，到课中的角色扮演；从小组交流预习成果，到找到解决鲁人"悄怆而返"结局的方法，每个孩子都能在老师创设的学习情境和故事情境中积极地提出自己的看法，探寻解决问题的策略，积极参与课堂活动。

评研 2

郭老师执教的《鲁人徙越》一课最大的亮点就是始终以学生为主体，以学定教，整堂课都围绕着学生存疑之处、不懂之处开展学习。如在甲骨文学习后，老师先让学生交流预习结果，聚焦于学生在预习中遇到的问题，节省了教学时间，提高了教学效率。在学生可自己解决的问题上，老师充分放手让学生自己学，在学生不懂之处加以点拨，创设情境让学生进行充分讨论，让学生归纳总结得出结论，并由学生板书在黑板上。将课堂还给学生，将时间还给学生，使学生成为学习真正的主人。

> 评研 3

在《鲁人徙越》一课的教学中，郭老师巧妙地设计了"如何改编鲁人夫妻悄怆而返的结局？"这样一个思辨问题，引导学生跳出原有故事的局限，从多个角度理解和思考鲁人夫妻"徙越"的可行性，并结合现代社会的商业运作模式，寻找积极因素帮助"鲁人夫妻"打破困境，培养了学生的多角度看待问题的思辨能力。这一点很值得我们学习。

> 评研 4

在郭老师执教的《鲁人徙越》一课中，我们充分看到了老师引领学生通过讲、读、译、演、议、辩相结合的方式展开语文学习，使学生更加积极地投入到学习中。与以前学习的文言文相比，这篇的内容稍长，但郭老师并没有枯燥地指导学生逐字逐句地翻译，而是在小组交流、扫除字词理解的障碍后，让学生通过表演的方式进行反馈对文章的理解，既检验了学生对句子意思的理解，又促进了学生进一步深入理解人物心理，为理解寓意和进行思辨打下了良好的基础。这种灵活高效的教学方式值得我们学习。

买椟还珠

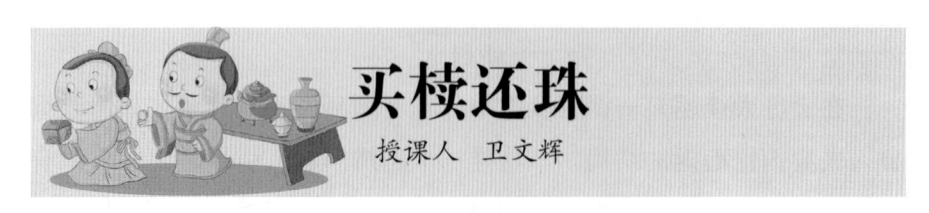

授课人 卫文辉

一 教学设计

教学目标

1. 正确朗读并背诵寓言。
2. 理解寓言的主旨。
3. 学会换个角度看问题。

教学重点及难点

1. 教学重点：什么情况下买椟还珠是可取的？
2. 教学难点：换个角度看问题有什么意义？

教学结构导图

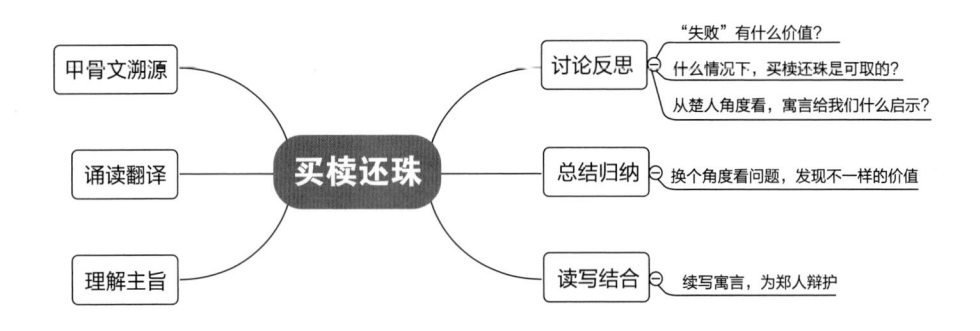

```
甲骨文溯源 ─┐
           │
诵读翻译 ──┼─ 买椟还珠 ─┬─ 讨论反思 ─┬─ "失败"有什么价值？
           │              │            ├─ 什么情况下，买椟还珠是可取的？
理解主旨 ──┘              │            └─ 从楚人角度看，寓言给我们什么启示？
                          ├─ 总结归纳 ── 换个角度看问题，发现不一样的价值
                          └─ 读写结合 ── 续写寓言，为郑人辩护
```

🖊 思维提升，问题列举

1. 换个角度看，失败有什么价值？
2. 什么情况下买椟还珠是可取的？

🖊 读写结合模板

看着卖家不解的眼神，听着周围人的嘲笑声，我笑而不语。其实我是一个_____（身份），我故意买盒子，_____（目的）。

🖊 教学过程

（一）甲骨文溯源，激发识字兴趣

先出示甲骨文"买"字，让学生猜是什么字。如果猜不到，继续出示金文、小篆、隶书等字体。

猜出"买"之后，再出示"卖"。引出寓言题目"买椟还珠"。

（二）朗读背诵，理解课文

1. 读准节奏和字音。

学生自读，老师巡查，有问题提出。

2. 正音、正节奏。

挑学生读，有问题指出，然后所有同学齐读。

3. 翻译理解。

借助注释，学生讨论，翻译寓言。选一两个小组，说一说翻译结果。

4. 背诵及明白寓言主旨。

借助"5W"提问法，提出问题，学生一边回答，一边背诵。

寓言给我们的启示是什么？

要分清主次，分清哪是主要的，哪是次要的。学会正确选择。

（三）讨论反思，思维提升

1. 生活中，我们换个角度看问题，就能发现事物的不同价值，比如失败。

学生回答失败的不同价值。

预设1：学生回答失败是成功之母。

老师追问失败为什么是成功之母。

预设2：失败让我们看清楚自己的薄弱环节。

2. 反思寓言。

那么换个角度看"买椟还珠"，什么情况下，郑人的行为是可取的？

预设1：郑人喜欢盒子。

预设2：郑人要学习制作盒子的技术。

老师追问：大家的回答，是从郑人的哪两个角度看的？

预设：从郑人的身份和目的两个角度来说。

老师总结：对，当身份目的不同，我们看到的价值也不一样。这就是换个角度看问题。

3. 从楚人角度来看寓言。

老师设问：那么从楚人角度来看这个寓言，楚人想怎样？为什么没有成功？给我们什么启示呢？

预设回答：想卖珍珠。因为把盒子做得太好了。做事情要分清主要和次要。

预设回答不要喧宾夺主。

（四）读写结合，拓展表达

续写寓言，为郑人辩护。

板书设计

```
              启示：分清主次，提升辨别能力

买椟还珠      反思：变换身份和目的，买椟还珠也可取

              总结：换个角度看问题，发现事物不一样的价值
```

二 教学实录

（一）甲骨文溯源，导入课文

师：上课，同学们好！

生：老师好！

师：上课之前，我们继续来学习甲骨文。大家猜猜这个是什么字？

（老师出示"买"的甲骨文字形）

生：网？

师：哦，上面确实是网，加上下半部分呢？再猜猜。这是它的小篆、金文以及隶书。看出什么字了吗？

生：我觉得是买。因为下面是贝，老师讲过，贝代表钱。上面网兜，就是拿着钱去买东西。

师：对。那在买上面加一个"出"，表示与买相反的意思，这是什么字？

生：卖。

师：对，这就是卖。今天我们来学习一篇与买卖相关的寓言——买椟还珠。

（二）朗读背诵，理解寓言

师：你们知道这个题目是什么意思吗？

生：买了盒子，还回去了珠子。

寓言心读 YUYAN XINDU

师：说得非常准确，这里的"椟"是什么意思？

生：盒子。

师：对。那么为什么要买了盒子，还回珍珠呢？这究竟是怎么回事？我们来看一看原文。

买椟还珠

楚人有卖其珠于郑者，为木兰之柜，薰以桂椒，缀以珠玉，饰以玫瑰，辑以翡翠。郑人买其椟而还其珠。

师：请大家先自己尝试读一下，读准节奏和字音。不认识的字问同学或老师都行。

（老师巡视，给予指导）

师：好，请某某同学来读一下。

（某某生读）

师：他读得非常好，大家一起来读，要读得像他一样好。

（生齐读）

师：大家读得很准确。我们以前总结过学习古文的方法，都有哪些呢？

生1：看注释。

生2：联系上下文。

生3：查资料。

师：好，那咱们就用这些方法，小组讨论合作，5分钟时间，把这个寓言的翻译写在学习单上。

（学生讨论、翻译，老师巡视指导）

师：来，第二小组来分享一下你们的成果。

生1：第一句，意思是有一个楚国人在郑国卖珍珠。

师：翻译得很准确。这里有个句式，大家注意。……者，表示有一个……的人。例如，我们以前学过的"楚人有鬻盾与矛者""宋有耕田者"怎么翻译？

生1（一起回答）：有个卖盾和矛的楚国人，有个种田的宋国人。

生2：第二句是说用木兰做了柜子，用香料去熏，用珠玉点缀，用玫瑰来装饰，用翡翠来装饰边缘。

师：这一句出现了四个"以"，熏以、缀以、饰以、辑以。它们都是一个动词加上一个"以"，这里"以"的意思是什么？

生（一起）：用。

师：对，所以这里翻译成"用香料去熏，用珠玉点缀，用玫瑰来装饰，用翡翠来装饰边缘"。

生3：最后一句，意思是郑人买了他的盒子，却把珍珠还了回去。

师：这一组分享得非常准确。为他们鼓掌！

（鼓掌）

师：我们来看一下，这篇寓言讲的是谁的故事？

生：楚人。

师：他想做什么？

生：在郑国卖珍珠。

师：用原文回答？

生：卖其珠于郑者。

师：那他具体是怎么做呢？

生：为木兰之柜，薰以桂椒，缀以珠玉，饰以玫瑰，辑以翡翠。

师：但是结果怎么样呢？

生：郑人买其椟而还其珠。

师：好，按照这个提示，大家试试背诵这则寓言。

师：一起来背一下。

（学生齐背）

师：为你们点赞！

师：寓言中，都在介绍盒子精美，却没有介绍珍珠。你觉得珍珠怎么样？

生：特别好，要不然怎么配得上这么好的盒子呢。

师：是啊，但是结果郑人却买走了盒子。说明什么呢？

生：说明他不识货啊，选错了。

师：也就是说，提醒我们在生活中要怎么样？

生：要分清主次，提高眼力。

师：仅仅是眼力吗？

生：提升辨别能力。

（三）反思讨论，提升思维

师：千百年来，郑人因为买椟还珠被大家嘲笑，但是，买椟还珠真的就不可取吗？其实，换个角度看，你会发现事物的不同价值。就像生活中的成败得失，换个角度，你会有不一样的收获。比如，人们都不喜欢失败，但是，失败也有它的价值。你觉得失败有什么价值？

生1：失败是成功之母，可以记住教训，我们以后不再犯同样的错。

生2：失败可以暴露我们的缺点，让我们改进，变得更有方向和目标。

师：是啊，换个角度看问题，价值马上就不一样了。那下面就请大家穿越回历史现场，化身郑人，换个角度想一想，什么情况下，买椟还珠是可取的？

生1：看着卖家不解的眼神，听着周围人的嘲笑声，我笑而不语，其实我是一个专门做盒子的工匠，楚国的制盒技术高超，我买了盒子，回去学习制作的方法，批量生产，一定可以赚更多的钱。至于珍珠，我才不稀罕呢。

生 2：看着卖家不解的眼神，听着周围人的嘲笑声，我笑而不语，其实我是一个卧底，我故意买盒子，让楚国人觉得我们郑人比较愚笨。这样他们就会放松警惕，我们就可以趁机发展国力，到时候和楚国决一死战。我还有个同伙，就是《郑人买履》故事的主角。

生 3：看着卖家不解的眼神，听着周围人的嘲笑声，我笑而不语，其实我是一个收藏家，我特别喜欢收藏各种艺术品。在我眼里，天然形成的珍珠并没有多少艺术价值，反而是那些工匠手工制作出来的东西更具有艺术魅力。我就喜欢这个精美的盒子，而珍珠，我丝毫不感兴趣。

师：哈哈，大家果然脑洞大开，可见，目的不同，视角不同，看到的价值也是不一样的。换个角度看问题，你才能看到事物被主角遮蔽的价值。

师：那我们换个角度，之前大家都是从郑人角度看这个寓言，现在换个角度，从楚人角度看这则寓言，又能给我们什么启示呢？

生 1：楚人最后没有卖出珍珠，说明他把盒子装饰得太好了，反而让人忽视了珍珠的价值。告诉我们不要让华丽的外表遮蔽了你的内心。

生 2：告诉我们不要让次要的东西抢了主要内容的风头。比如我们说一个事情时，要言简意赅，直接说重点。不然别人可能还没听完就不想听了。

师：大家分享得非常棒。其实这也是韩非子的原意。在这一段寓言后，韩非子还有两句话。大家来看一看（出示原文）。

此可谓善卖椟矣，未可谓善鬻珠也。今世之谈也，皆道辩说文辞之言，人主览其文而忘有用。

韩非子用这个故事，向楚王解释了为什么墨家学说的言辞不够雄辩。这也向我们提出了警醒，不要去做那些形式大于内容的事。

师：好了，今天的课就讲到这里。希望我们既能明白韩非子的用意，不要做形式大于内容的事情，提高辨别能力；也要学会换个角度看问题，发现事物的独特价值。下课。

三 教学反思

本节课，我的教学目的，一方面是让学生理解寓言给我们的启示，另一方面，希望学生能学会换个角度看问题，发现事物的独特价值。因此，我带着学生诵读、翻译、背诵，去理解郑人的取舍不当。同时，我又设置了为郑人辩护的环节，让学生换个角度来谈寓言。学生们课堂表现很积极，创意很多，基本达到了我的预期目标。不过，我也有点遗憾，因为前面用时较多，所以后面没有能够充分展开，没能让学生们结合生活实例，来谈谈换个角度看问题的意义。最后一个环节，又把韩非子的原意展示出来，好像有些突兀。

四 评研

评研1

这节课老师在引导学生理解寓言的本意上着力较多，不论是朗读、背诵还是翻译都很扎实，学生掌握得很好。

评研2

学生们很有创意，反映出我们真的应该把更多的思辨引入课堂。

评研3

首先，这一节课在教授知识的同时，注意方法的传授，比如背诵的方法、学习古文的方法等，这样有助于学生自学能力的培养。其次，

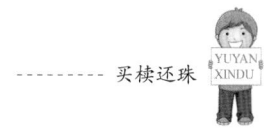

在寓言的学习过程中，注重思维的训练。老师没有把课堂局限在这一个寓言上，而是借这个寓言，引出"换个角度看问题"的道理，鼓励学生在生活中、学习中，多去尝试，提升思维。

| 评研 4 |

建议可以让学生联系生活实际，讲一讲生活中什么时候可以"换个角度看问题"。这样，让学生把课堂上学到的和生活实际结合起来，真正达到学以致用。

愚公移山

授课人　刘舒丹

一、教学设计

教学目标

1. 正确流利地朗读文言文，掌握重点字词。
2. 对"愚公"和"智叟"的形象进行对比思考，深入理解寓意。
3. 学习寓言文体特点，尝试改编或创编寓言。

教学重点及难点

1. 教学重点：对"愚公"和"智叟"的形象进行对比思考，深入理解寓意。
2. 教学难点：从道家文化角度来理解"愚"的含义。

教学结构导图

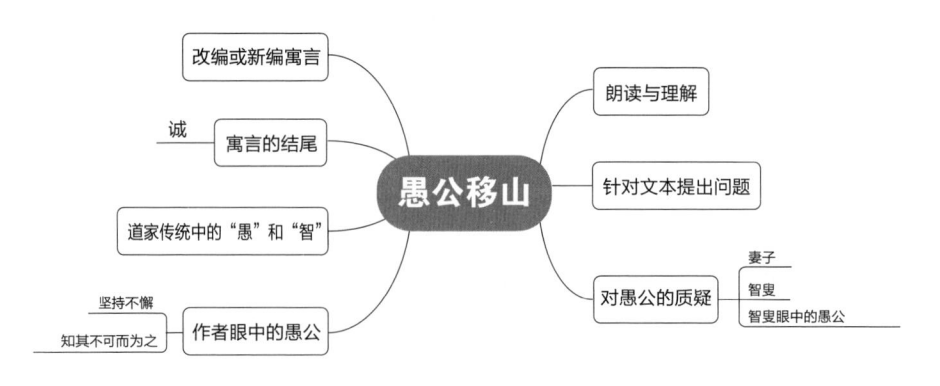

愚公移山
- 改编或新编寓言
- 诚 寓言的结尾
- 道家传统中的"愚"和"智"
- 作者眼中的愚公
  - 坚持不懈
  - 知其不可而为之
- 朗读与理解
- 针对文本提出问题
- 对愚公的质疑
  - 妻子
  - 智叟
  - 智叟眼中的愚公

思维提升，问题列举

1. "愚公"是否愚，"智叟"是否智？
2. 寓言的寓意是什么？
3. 寓言的结尾是否破坏了"愚公"的形象？

读写结合模板

针对寓言所要表达的道理，来塑造人物形象，改编或创编故事。

教学过程

（一）朗读文言文，理解文本

1.齐读文言文，注意读准字音，朗读流利，尝试用朗读表达人物的心理活动，比如妻子的疑问，智叟的嘲笑，愚公移山的艰辛和愚公内心的坚定。

2.用问题梳理文本，要求用原文回答。

（1）山是什么样的？

（2）愚公是什么样的人？

（3）怎么移的？

（4）结局是什么？

在学生回答时继续练习朗读，老师点明故事的关键点。

3.提出问题：复习第二单元学习的提问角度。

（1）根据文章部分和全文提问。

（2）从写法、内容、联系生活实际来提问。

（3）筛选出有助于深入理解文章的问题。

4.小组讨论，根据以上角度，共同提问。

5.展示所提出的问题。

（二）讨论问题，思维提升

1. 对于愚公的质疑。

预设同学在提问中，有很多指向愚公形象的问题，尤其关注他如何移山。

（1）找到文中对愚公移山有质疑的两个人，朗读文本。

（妻子和智叟）

（2）提问：在智叟眼中愚公是什么样的人？

（固执、好高骛远、不自量力等）

（3）那在愚公回应智叟之后，文中是"亡以对"，想想智叟还可以怎么回应？

（怎么能保证子孙是延绵不断的呢？）

2. 文本中愚公的形象。

（1）既然在智叟的眼中，愚公是这样的形象，那为何这个故事能在中国流传两千多年，从作者的角度来看，愚公是什么样的人呢？

（坚持不懈）

（出示：知其不可而为之——《论语》）

（2）请同学回到文本，找找愚公是如何知其不可而为之的？

同学回答之后，老师对愚公精神进行升华。

我们这一辈子总会遇到各种各样的困难，希望我们也能成为愚公，也或者，我们这一生就是愚公移山的过程。

（3）愚公的行为只是为了他自己吗？

（造福子孙）

3. 补充现代愚公的案例。

"当代愚公"黄大发

黄大发，为了解决老百姓的吃水问题，誓言要在绝壁上凿水渠。有人觉得，他是痴人说梦。但是他就是凭着这份痴想，靠着这股痴劲，风雨无阻、寒暑不易，抓铁有痕、踏石留印。最终，艰苦奋斗36年，在绝壁上凿开了一条9400多米的天渠，实现了"大发渠，云中穿，老百姓吃上了白米饭"，黄大发也获得了"当代愚公"的称号。

"沙漠愚公"苏和

苏和，是内蒙古阿拉善盟政协一位退休的老干部。退休之后，他没有享清福，而是来到沙漠之地，来到西夏黑城遗址，种下了第一株梭梭树。17年来，他用自己的积蓄义务植树，种下3000多亩梭梭。在很多人眼中，这就是"犯傻"。但是，凭着这样一股傻劲，凭着10年的坚持，风霜磨砺老茧，岁月雕刻皱纹，闻鸡起舞，带月荷锄，苏和老英雄最终在一片沙漠中种出了一片"希望之林"。

4. 分析在道家传统中"愚"和"智"两个概念的意义。

出示文本

我愚人之心也哉！沌沌兮！俗人昭昭，我独昏昏；俗人察察，我独闷闷。　　　　　　　　　——《道德经·第二十章》

愚人：一种纯朴、真挚的状态。
昭昭：炫耀自我。　　昏昏：愚钝暗昧。
察察：严苛的样子。　　闷闷：纯朴。
绝圣弃智，民利百倍。
　　　　　　　　　——《道德经·第二十章》

愚公移山出自《列子》，归于老庄的道家传统，在道家中，"愚"并不代表否定意义，反而具有积极意义，指的是人淳朴真挚的状态，愚公并没有什么心机和智巧，他就是凭着简单的意志力要去完成一件其他人都不敢完成的事情。所谓"大智若愚"。

5. 故事的结尾，是神帮助愚公移走了山，而不是愚公自己移走的，这样做会破坏愚公的形象吗？

是故君子诚之为贵。

唯天下至诚为能化。

——《中庸》

当你真心渴望某样东西时，整个宇宙都会联合起来帮你完成。

——《牧羊少年奇幻之旅》

正是因为愚公的诚心，才感动了天地，这正是中国古代最宝贵的"诚意"。

读写结合，拓展表达

根据想表达的道理，比如做人不能太固执，要听取他人意见，来改编愚公移山的故事。

板书设计

	智叟	作者
愚公移山	固执	坚持不懈
	不自量力	

二 教学实录

（一）朗读文言文，理解文本

师：上节课我们已经学习了课文，这节课让我们来再次齐读课文，试着读出不同人物的语气变化。

（学生朗读）

师：看来大家已经读得比较熟悉了，针对文章我要提一些问题来看看大家是否理解。要求都是用原文回答，山是什么样的？文章里写的愚公是什么样子的？第三个问题是他们是怎么移的？最后故事的结局是什么？

生：太行、王屋二山，方七百里，高万仞。

师：山非常的高大宽广。

生：北山愚公者，年且九十，面山而居。还有一个词是"残年余力"。

生：他们是这样移的：遂率子孙荷担者三夫，叩石垦壤，箕畚（jī běn）运于渤海之尾。邻人京城氏之孀妻有遗男，始龀（chèn），跳往助之。寒暑易节，始一反焉。

师："寒暑易节，始一反焉"是什么意思？

生：寒暑交换一次，他们才往返一次，非常的辛苦。

师：结局呢？

生：自此，冀之南，汉之阴，无陇断焉。

师：好，我们用这几个问题梳理了文章，我们可以看到山是那么的高，愚公又是那么的年老，当时移山的过程是这么的艰辛，你们是不是有一些疑问呢？好，下一个环节是针对我们的课文文本进行提问，我们快速来复习一下我们第二单元学习的提问的角度有哪些。

（二）提出问题

生：提问的角度分为全文和部分，还可以从生活角度、写法角度和内容角度提问，最后我们要把这些问题筛选一下，筛选出有利于我们深入理解的问题，再进行讨论。

师：现在开始在小组内提问。

（小组讨论）

师：谁来说说？

生：愚公为什么不搬家呢？

生：如果最后没有神仙来帮忙移走，会怎么样呢？

生：他一年往返一次，他的吃住怎么解决？

生：愚公怎么能保证他的子孙想跟他一起移山呢？

生：如果中间有人不想移山了呢？

生：这则寓言要教给我们什么道理呢？

（三）讨论问题，思维提升

1. 对于愚公的质疑。

师：我看到大家都质疑愚公的行为，好像在想这事我值不值？文章当中也有两个人是对他有些怀疑的，是谁？

生：一个是妻子，她说："以君之力，曾不能损魁（kuí）父之丘，如太行、王屋何？且焉置土石？"

生：另一个是智叟，他说："甚矣，汝之不惠！以残年余力，曾不能毁山之一毛，其如土石何？"

师：最精彩的是智叟和愚公这个对话了，我们来分角色朗读一下，左边两组读智叟，右边两组读愚公。

（分角色朗读）

师：听到大家都读出智叟嘲笑的意思了，可是愚公并没有听他的，并且说子孙可以移山，那智叟还可以怎么说？

生：你怎么能保证你的子孙会跟你一起移山呢，他们没有自己的梦想吗？

生：你还是搬家为好，何必为这件事浪费那么大力气呢？

师：如果你是愚公的子孙会说什么呢？

生：太累了，我不想干了。

师：我们来看看从智叟的角度，你觉得智叟认为愚公是什么样的人？

生：固执。比如说这种小事搬家就行了，可是他一直就是要搬山，就是要搬山。

生：不自量力。山那么大，自己的力量那么小。

2. 愚公的形象。

师：聊到这我想问问，如果这篇文章的本意是想让你们认识这样的愚公，它能在中国流传2000多年吗？让我们回到文本，你觉得最后谁赢了？

生：是愚公赢了，因为智叟最后无话可说，而且山确实被移走了。

师：那在作者的眼中，愚公是什么样的人？

生：坚持不懈。

生：遇到困难不会退缩。

生：不害怕挑战。

"当代愚公"黄大发

黄大发，为了解决老百姓的吃水问题，誓言要在绝壁上凿水渠。有人觉得，他是痴人说梦。但是他就是凭着这份痴想，靠着这股痴劲，风雨无阻、寒暑不易，抓铁有痕、踏石留印。最终，艰苦奋斗36年，在绝壁上凿开了一条9400多米的天渠，实现了"大党派，雨中穿，老百姓吃上了白米饭"，黄大发也获得了"当代愚公"的称号。

"沙漠愚公"苏和

苏和，是内蒙古阿拉善盟政协一位退休的老干部。退休之后，他没有享清福，而是来到沙漠之地，来到西夏黑城遗址，种下了第一株梭梭树。17年来，他用自己的积蓄义务植树，种下3000多亩梭梭。在很多人眼中，这就是"犯傻"。但是，凭着这样一股傻劲，凭着10年的坚持，风霜磨砺老茧，岁月雕刻皱纹，闻鸡起舞，带月荷锄，苏和老英雄最终在一片沙漠中种出了一片"希望之林"。

师：在《论语》当中，有一句话我觉得很适合愚公，"知其不可而为之"，在文章中，从哪里能看出来愚公有这样的精神？

生：大家都认为移山是不可能的事，但是愚公还是愿意去做，这是他对理想的坚持。

师：这个是我们古代儒家精神非常重要的一个部分，就是天行健君子自强不息，奋发向上，我遇到困难，我一定要去挑战它，所以愚公的精神也是传承了下来，在我们现代也会有一些当代愚公的故事，我请同学来读一读。

3. 补充现代愚公的案例。

4. 分析在道家传统中"愚"和"智"两个概念的意义。

师：所以，愚公到底愚不愚呢？

生：这样来看愚公反而不愚了，他是正面形象。

师：那我们看看看这篇文章的出处。

生：出自《列子》。

师：列子跟老庄都属道家学派，那在道家学派中，是怎么来认识愚这个概念的呢？来读一读这个文本。

> **出示文本**
>
> 我愚人之心也哉！沌沌兮！俗人昭昭，我独昏昏；俗人察察，我独闷闷。
> ——《道德经·第二十章》
>
> 愚人：一种纯朴、真挚的状态。
> 昭昭：炫耀自我。　　昏昏：愚钝暗昧。
> 察察：严苛的样子。　　闷闷：纯朴。
> 绝圣弃智，民利百倍。
> ——《道德经·第二十章》

师：在文字上有些难度，但我们能看到，老子的"愚"代表一种纯朴、真挚的状态。在这个语境下，其实"愚"反而是一种褒义。所以愚公到底愚不愚呢？

生：从这个背景来看似乎并不愚，反而是对智叟的讽刺。

5. 讨论结尾。

师：故事的结尾是神帮助愚公移走了山，而不是愚公自己移走的，这样做会破坏愚公的形象吗？

（同学讨论）

生：不会，因为正是愚公的坚持感动了天帝，才会获得帮助。

师：是的，结尾中有个字大家需要注意，就是"诚"，在《中庸》里是个重要的概念："是故君子诚之为贵""唯天下至诚为能化"。

当你真心渴望某样东西时，整个宇宙都会联合起来帮你完成。

——《牧羊少年奇幻之旅》

上面这本小说的句子可以说是对中庸很好的阐释，中国古人相信心的力量，如果心中可以达到至诚的状态，那必然会带来变化。因此这篇寓言的结尾也并不简单，值得大家反复玩味。

（四）寓言新编

师：最后，让我们回到寓言这个文学体裁，它有什么特点呢？

生：用小故事来讲明道理。

师：是的，因此大家对故事的细节不必太过较真，人物的形象和情节的发展只是为了讲明一个道理，那如果我们换个道理，故事是不是就会有改变呢？比如我们想说明做人要听从他人意见，不要太固执，这篇故事的情节就改变了。因此同学们，今天的作业就请大家根据你想讲明的道理来改编愚公移山或者新编一篇寓言吧。

三 教学反思

本堂课的课程目标是基于对文本的熟悉之上，希望同学们对寓言内容有更深入的思考，比如"愚公"和"智叟"的形象对比，愚公精

神的内涵，道家传统中对"愚"的理解等。

在教学过程中，采用开放式课堂，先让同学们针对文本进行多角度提问，筛选出有助于理解文本的问题，这有利于启发同学思维。在教学设计上一步一步引导，同学们对愚公的行为有很多质疑，先让他们提出质疑，站在智叟的角度看愚公。但不止于此，又站在作者的立场上看愚公，理解文本塑造的愚公形象是坚持不懈的正面人物。在过程中，补充了很多文本，比如《道德经》中对于"愚"和"智"的论述，现代愚公的代表人物范例，帮助同学们深入理解寓意。因此，这堂课在师生互动和文本材料的细读上是做得比较好的。

但是，因为学生年龄偏小，思维的深度还是有局限，大部分仅仅停留在愚公子孙的问题上，不能更全面地进行思辨，加之给的补充材料还是稍微有点难度，因此课堂呈现上还是略有些遗憾。

四　评研

评研1

教师教态自然，放松，语调亲切温和，《愚公移山》是一篇相对比较长的小古文，学生能够借助注释自己完成内容的梳理和理解非常了不起。在授课过程中，舒丹老师的问题来源于文本又高于文本，让学生有依据、有方法地去思考，去辩论愚公的行为，同时舒丹老师引经据典，与《道德经》《论语》等经典著作进行链接，同时引入当代人物事迹，从古到今深入理解《愚公移山》所传达的精神。

评研2

刘舒丹老师执教的《愚公移山》一课，让我们看到了语文学习的深度和广度。老师带着学生走入故事情节，推想人物心理，又走出故事，结合老师补充的《论语》及道家对"愚"与"智"的观点来全方位思考愚公移山的做法，使学生在理解中思考，在思考中阅读，在阅读中思辨，层层递进地理解愚公坚持不懈的意志，进而结合生活实际进行故事的改编，取得了很好的教学效果。

| 评研3 |

舒丹老师的课，没有走传统的分析寓言本意，然后反思、生发的老路子。而是在熟悉文本之后，先质疑，再回归本意，提炼出"愚"和"智"在道家理念中的特殊意义，提炼出"诚"的价值，立意高远。但难度有点大，四年级孩子还不好掌握。

叶公好龙

授课人 刘慧慧

一、教学设计

教学目标

1. 认识"回旋盘绕、张牙舞爪、霎时间"等7组词语，了解多音字"爪"。

2. 有节奏、有感情地朗读故事。

3. 理清故事层次，深入理解故事，能够用自己话复述故事。

4. 理解故事内容与背景，探讨什么是真正的喜欢。

教学重点及难点

1. 教学重点：理清课文层次，用自己的话复述故事。

2. 教学难点：理解寓言基本寓意，根据故事背景，探讨什么是真正的喜欢。

教学结构导图

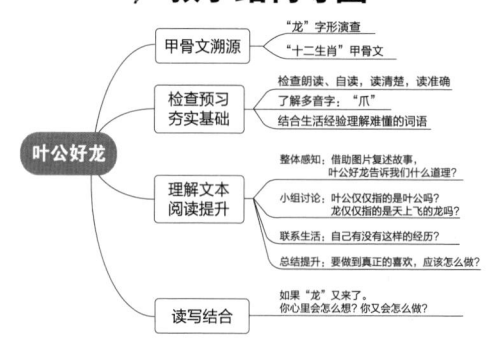

叶公好龙
- 甲骨文溯源
  - "龙"字形演查
  - "十二生肖"甲骨文
- 检查预习 夯实基础
  - 检查朗读、自读，读清楚，读准确
  - 了解多音字；"爪"
  - 结合生活经验理解难懂的词语
- 理解文本 阅读提升
  - 整体感知：借助图片复述故事，叶公好龙告诉我们什么道理？
  - 小组讨论：叶公仅仅指的是叶公吗？龙仅仅指的是天上飞的龙吗？
  - 联系生活：自己有没有这样的经历？
  - 总结提升：要做到真正的喜欢，应该怎么做？
- 读写结合
  - 如果"龙"又来了。你心里会怎么想？你又会怎么做？

🖊 思维提升，问题列举

1. 叶公喜欢什么？从哪里可以看出来？可是，叶公看龙以后有什么反应？为什么是这样的反应？

2. 那叶公到底喜不喜欢龙呢？通过这个寓言，你明白了什么道理？

3. 叶公指的仅仅是叶公本人吗？"龙"又指的仅仅是天上飞的龙吗？

4. 你们生活中有没有叶公这样的经历？

5. 过了几天，突然，乌云滚滚，雷电交加，原来龙又来看叶公了，如果你是叶公，这时你心里会怎么想？这次你又会怎么做呢？

6. 什么才是真的喜欢呢？怎么做才能做到真正的喜欢呢？

🖊 读写结合模板

天上的真龙听说叶公这么喜欢龙，就又来拜访他了。霎时间，乌云滚滚，雷电交加，真龙到了叶公家里。这时叶公心理想：_____，于是叶公就_____。

🖊 教学过程

（一）甲骨文溯源，激发识字兴趣

1. 出示汉字甲骨文"龙"，请学生根据字形猜一猜它的意思。

2. 出示汉字字源演变过程，请学生讲一讲，教师补充。

3. 出示十二生肖的甲骨文，请学上猜一猜，讲一讲。

"龙"是象形字,像大口长身的一种怪兽,古代传说中一种有鳞有须能兴云作雨的神异动物(《说文解字》载:鳞虫之长。能幽能明,能细能巨,能短能长;春分而登天,秋分而潜渊。从肉,飞之形,童省声。凡龙之属皆从龙)。

(二)交流预习,夯实基础

1. 检查朗读情况,要求读清楚、读准确,长句子读好停顿。

2. 了解多音字"爪"的读音并在词语中的运用。

3. 理解词语:小组讨论,结合生活经验,联系上下文理解词语的意思。

"张牙舞爪""回旋盘绕""霎时间""乌云滚滚""雷电交加""脸色发白""浑身发抖"这七组词是重点词汇。

(三)理解文本,阅读提升

1. 整体感知。

(1)边读边想象自己是叶公,边读边演。

(2)借助图片,用自己的话,复述叶公的故事。

2. 自读自悟。

叶公喜不喜欢龙?从哪里可以看出来?

叶公看到龙以后有什么反应?他为什么会有这样的反应?

3. 小组讨论。

叶公到底喜不喜欢龙?他是真的喜欢龙吗?

预设1:他喜欢龙,要不然也不会在家里画得到处都是龙。

预设2:他不是真的喜欢龙,因为他看见龙被吓得脸色发白,浑身发抖了。

4. 自读自悟。

读完寓言以后,你有什么感受?你明白了什么道理?

预设1：不能假装喜欢而实际上并不喜欢。

预设2：要诚实，喜欢就是喜欢，不喜欢就是不喜欢。

预设3：这个人很虚伪。这是个表里不一的人。口头上爱好某种事物，实际上并不真爱好。

5.结合背景故事，小组讨论。

背景故事

子张见鲁哀公，七日而哀公不礼，托仆夫而去。曰："臣闻君好士，故不远千里之外，犯霜露，冒尘垢，百舍重趼，不敢休息以见君。七日而君不礼。君之好士也，有似叶公子高之好龙也。叶公子高好龙，钩以写龙，凿以写龙，屋室雕文以写龙。于是夫龙闻而下之。窥头于牖，施尾于堂，叶公见之，弃而还走，失其魂魄，五色无主。是叶公非好龙也，好夫似龙而非龙者也。今臣闻君好士，故不远千里之外以见君，七日不礼。君非好士也，好夫似士而非士者也。诗曰：'中心藏之，何日忘之。'敢托而去。"

译文：子张去拜见鲁哀公，过了七天鲁哀公仍不理他。他就叫仆人去，说："传说你喜欢人才，因此，冒着风雪尘沙，不敢休息而来拜见你。结果过了七天你都不理我，我觉得你所谓的喜欢人才倒是跟叶公喜欢龙差不多。叶公一看是真龙，吓得转身就跑，好像掉了魂似的，脸色骤变，简直不能控制自己。叶公并非真的喜欢龙呀！他所喜欢的只不过是那些似龙非龙的东西罢了！现在我听说你喜欢英才，所以不远千里跑来拜见你。结果过了七天你都不理我，原来你不是喜欢人才，你所喜欢的只不过是那些似人才非人才的人罢了。诗经早说过：'心中所藏，什么时候可以忘！'，所以很抱歉，我要离开了！"

古代臣子向君王进谏大多采用说故事的方式，有所隐喻，避免针锋相对，这是中国古代沟通的智慧。

（1）结合故事背景，思考"鲁哀公"和"叶公"有什么相似的地方？"子张"和"龙"有什么相似的地方？

预设1：这个子张和叶公好龙里面的"龙"一样，都是开始被人们说喜欢，但是他们真正出现的时候又没有被人们真心对待。

预设2：这个鲁哀公和叶公一样，嘴上说着喜欢人才，实际上并不喜欢也不想要人才。

（2）叶公指的仅仅是叶公本人吗？"龙"又指的仅仅是天上飞的龙吗？

预设1：我们觉得叶公不仅指叶公，他指的是像叶公、鲁哀公这样的一类人，他们喜欢说自己喜欢一件东西，但是仅仅是表面喜欢。

预设2：我们觉得"龙"也不仅仅指的是天上飞的龙，他代表的是像子张那样的人才，比较好的、高贵的东西。

（注意通过追问指出龙的象征意义：龙在中国，是人人皆知的吉祥物。几千年来，华夏儿女在它身上寄托了无数美好的愿望。龙是我们中华民族的民族图腾，也象征着我们中华民族的一种精神，在中国的传统文化中是权势、高贵、尊荣的象征，又是幸运与成功的标志。）

6.联系经验：说一说自己生活中有没有叶公这样的经历？

预设：我很喜欢恐龙，但如果真的恐龙来了也会害怕。

7.总结提升。

讨论要做到真正的喜欢，应该怎么做呢？

中心藏之，何日忘之！——《诗经》

热爱真理的人在没有危险时爱着真理，在危险时更爱真理。

——亚里士多德

君子无终食之间违仁，造次必于是，颠沛必于是。——《论语》

（四）读写结合，拓展表达

思考：如果龙又来了，你会比叶公做得好吗？

过了几天，突然，乌云滚滚，雷电交加，原来龙又来看叶公了，如果你是叶公，这时你心里会怎么想？这次你又会怎么做呢？

预设1：不再害怕，先跟它聊一聊，然后想请它带着我飞一圈，约定下一次见面。

预设2：鼓起勇气跟龙说说话，多了解了解他，问问它天上的生活是什么样的。

（五）布置作业，课内外结合

了解为什么会有寓言故事，阅读中国古代寓言故事，了解中国古代寓言故事的特点。

板书设计

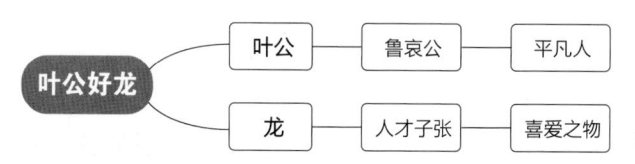

```
             ┌─ 叶公 ─ 鲁哀公 ─ 平凡人
   叶公好龙 ─┤
             └─ 龙 ─ 人才子张 ─ 喜爱之物
```

二 教学实录

（老师出示课件：龙的甲骨文和小篆）

师：又到我们每课一字的时间了，这是它的甲骨文，这是它的小篆来，猜一猜这是什么字？

生：这个字是"龙"。

师：你们太棒了！你怎么看出来的？

生：龙的身子是特别长的，甲骨文的这里长长的，像它的身子。

师：可以通过它的形状猜到了这个汉字，这就是象形字。

（老师出示课件：十二生肖的甲骨文和小篆）

师：龙是十二生肖之一。接下来我们看看其他生肖的甲骨文，和你同桌一起猜一猜，看看哪个小组猜得又快又全。

师：已经有小组全都猜出来了（老师按照顺序指甲骨文）。

生：鼠、牛、虎、兔、龙、蛇、马、羊、猴、鸡、狗、猪。

师：今天我们就来学一则，跟龙有关的寓言故事。就是——

生：《叶公好龙》。

（板书《叶公好龙》）

（老师出示文本：三年级下册语文园地《叶公好龙》文本）

师：现在请大家跟自己的同桌读一读，读清楚、读准确。

（生与同桌朗读）

师：大家声音很洪亮，老师发现有几个地方有点争议（出示"张牙舞爪"）。"爪"的正确读音是什么呢？

生1：zhǎo。

生2：zhuǎ。

生3：是一个多音字。

生4：在语文书里会有一些汉字标蓝，这些字是多音字。

老师：没错，大家平常很关注我们课本里面多音字的标记，你们是会观察的小朋友。"爪"是个多音字，那什么时候读"zhuǎ"，什么时候读"zhǎo"呢？

师：你们看看有没有发现什么规律？

（出示猫爪、狗爪、鸡爪；鹰爪、龙爪）

生1：猫、狗、鸡比较小，老鹰、龙比较大。

生2：猫、狗、鸡比较可爱，老鹰、龙比较凶猛。

师：没错，一般猛禽、猛兽的脚我们读"zhǎo"，小动物的有尖甲的脚读"zhuǎ"，我们再一起来读两遍。

（生齐读两遍）

师：张牙舞爪是什么意思？谁来说一说，演一演。

生：张开嘴巴，挥舞着爪子，像这样。

师：回旋盘绕谁来说一说，演一演。

生：像这样，围着柱子绕来绕去，往上飞。

师：两个词语解释得非常准确，而且解释词语的时都借用了动作来理解一个词语，这是非常棒的学习方法。

师：下一个。

生：霎时间是时间很快的意思。

师：那还有哪些词语表示时间很快？

生1：转眼间。

生2：瞬间。

师：下面两排词语读起来有点难，我们再来读一读（出示词语）。

（生齐读词语）

师：现在我们把这些词语放回到原文里面去，这次请大家边读边想象自己是叶公，一边读，一边把自己的经历演出来。

（生边读边演）

师：谁能用自己的话说一说，讲一讲这位叶公的故事。

生：古时候有个叶公，很喜欢龙，他穿的衣服上要绣着龙，帽子上要镶着龙，就连住的房子也一样，墙壁上也要画着龙。天上的龙听说叶公很喜欢龙，就从天上飞下来看他。龙到了叶公家里，把头伸进了南窗，把尾巴绕到了北窗。可是叶公却被真龙吓得脸色发白，浑身发抖，跑走了。他一点都不喜欢真龙！

师：你用自己的话讲得很棒！而且讲的时候还借助图片复述，这是很好的复述故事的方法。

师：我们一起来聊一聊这个叶公，他喜欢什么？

生：叶公很喜欢龙。

师：从哪里看出来的？

生1：叶公的家里到处都是张牙舞爪的龙。

生2：他穿的衣服上要绣着龙，帽子上要镶着龙，就连住的房子也一样，墙壁上也要画着龙。

师：那可见他确实很喜欢龙，可是突然有一天，乌云滚滚，雷电交加，叶公一看，看到了什么？

生1：看到了真龙。

生2：看到了张牙舞爪、腾云驾雾的真龙。

师：叶公什么反应？

生1：吓得脸色发白。

生2：吓得浑身发抖。

生3：吓得屁滚尿流。

师：他为什么这么害怕？他应该害怕吗？他不是喜欢吗？

生1：他害怕真龙！他只见过那些假龙，没有见过真龙，所以很害怕。

生2：他不喜欢真龙。他见到真龙就跑。

师：咦？题目和文章刚开始都说叶公"好"龙？怎么又说他不喜欢龙呢？他到底喜不喜欢龙？他是真的喜欢龙吗？给大家3分钟时间讨论一下。

（小组讨论）

生1：他不是真的喜欢龙，如果他真的喜欢龙就不会看见龙被吓得脸色发白、浑身发抖了。

生2：他有一点喜欢龙，要不然也不会在家里画得到处都是龙。

生3：他只是表面喜欢龙，但内心却很害怕龙。你看他家里到处都是龙，表面看他很喜欢龙，但是他又不了解龙，不知道龙来的时候会是什么样子，真实的龙是什么样子，所以真龙来了他就被吓跑了，叶

公是个表里不一的人。

师：同学们讨论得很激烈，通过讨论也有了自己收获，谁来说一说你明白了什么道理？

（小组讨论）

生1：我们喜欢东西，不能假装喜欢而实际上并不喜欢，喜欢一个东西就得真的喜欢。

生2：我们要诚实，喜欢就是喜欢，不喜欢就是不喜欢。

生3：我们说的和做的要一样，要做表里如一的人。

生4：喜欢一个东西要坚持喜欢，不能遇到困难就不喜欢了。

师：大家从这个故事里面悟到了很多道理，但我们了解故事不能只看故事本身，也要了解故事的背景，我们接下来看个视频。

（播放鲁哀公和子张的故事，了解叶公好龙故事的出处）

师：这个故事里的鲁哀公喜欢人才吗？

生1：喜欢人才，他在到处招募人才。

生2：他不喜欢人才，子张来了他都没有见，不是真的喜欢人才。

生3：这个鲁哀公和叶公一样，嘴上说着喜欢人才，实际上并不喜欢也不想要人才。

生4：这个子张和叶公好龙里面的"龙"一样，都是开始被人们说喜欢，但是他们真正出现的时候又没有被人们真心对待。

师：刚刚大家说得非常棒！通过这个故事我们发现鲁哀公和谁很像？

生：叶公好龙里的"叶公"。

师：子张是？

生：那条龙。

师：所以叶公仅仅指的是叶公本人吗？"龙"又仅仅指的是天上飞的龙吗？

寓言心读 YUYAN XINDU

（小组讨论）

生1：我们觉得叶公不仅仅指叶公，他指的是像叶公、鲁哀公这样的一类人，他们喜欢说自己喜欢一件东西，但是仅仅是表面喜欢。

生2：我们也认为他们指的是一类人，表面喜欢但是实际上不喜欢。

师：非常棒！叶公指的是那些表里不一的人，那"龙"呢？为什么故事里叶公非得是好"龙"呢？好"猪"不行吗？这个"龙"代表的是什么？

生1：不行，不行，我们觉得"龙"指的是我们喜欢的东西，"猪""猫"这些感觉都比较低级，不太能代表我们喜欢的那些东西。

生4：我们觉得"龙"也不仅仅指的是天上飞的龙，他代表的是像子张那样的人才，比较好的、高贵的东西。

师（追问）：为什么说"龙"指的是那些比较好的、高贵的东西，你来跟大家说一说。

生4："龙"代表的是天子，就是有能力处理国家大事的，非常有能力、有才华的。你看故宫是天子居住的地方，所以故宫里面有很多"龙"，我听导游说过"龙"是我们中华民族的图腾，代表着权势、高贵，是幸运与成功的标志。

师：说得很棒，所以龙指的是被人们喜欢的东西。小到我们喜欢的小物品、个人爱好，大到我们一生的追求、那些志愿与梦想。

师：想一想，你们生活中有没有叶公这样的经历？

生1：我很喜欢恐龙，我喜欢看跟恐龙相关的动画片，喜欢读跟恐龙相关的书，喜欢去买恐龙玩具，可是有一次妈妈带我去博物馆，里面有一个上了电池的恐龙会动，我看到它动的时候我很害怕，如果恐龙真的活过来了，我也会很害怕。我觉得我就像叶公一样，没有真的很喜欢龙。

生2：我看哥哥游泳很开心，我觉得我也会很喜欢游泳，总是让妈妈带我去游泳，可是当妈妈带我去的时候，来到水边我就不敢了，我就不想去游泳了。我觉得我也像叶公一样，真的事情来到面前的时候就害怕了。

生3：我喜欢自行车，我每次放学都去看别人骑自行车，我让爸爸帮我也买了一辆，可是买回来以后，我开始骑的时候很害怕，有点不想骑了，而且我刚开始骑的时候还摔了两次，不过我觉得我比叶公做得好，我没有被骑自行车这件事情吓倒，我每天坚持练习，最后我学会了骑自行车，而且越来越喜欢，每周我都跟爸爸出去骑自行车。

生4：我每次去游乐园都想去坐过山车，可是我又很害怕，每次我都没有坐成，我觉得我也有点像叶公，只是表面喜欢，说的和做的不太一样，这样不太好，我下次一定要做到真的喜欢。

师：大家刚刚都化身"叶公"讲了自己"叶公好龙"的故事，有的小朋友觉得自己会比叶公做得更好，机会来了。

（出示课件：过了几天，突然，乌云滚滚，雷电交加，原来龙又来看叶公了，如果你是叶公，这时你心里会怎么想？这次你又会怎么做呢？）

生1：我会鼓起勇气跟龙说说话，多了解了解他，问问它天上的生活是什么样的。再问问它喜欢什么，需要什么，我全都送给它。

生2：我心里会想：原来真龙长这样呀，下次我得画得更凶猛一点才行。我也会跟它聊天，多了解一下，问问它有什么技能。

生3：我心里会想：上次来得太突然，太害怕没有好好去看看它，我这次不能害怕了，我是真的喜欢龙，怎么能害怕呢！我也会先跟它聊一聊，然后想请它带着我飞一圈，约定下一次见面。

师：大家觉得如果叶公像你们刚刚那么做是真的喜欢吗？什么才是真的喜欢呢？怎么做才能做到真的喜欢呢？

生1：我觉得算是吧，至少这次没有害怕了，也没有表面说着喜欢，

却做着不喜欢的事了。

生2：我觉得也算是真的喜欢，我觉得鼓起勇气去了解，就是真正的喜欢。面对危险的时候不害怕，还能坚持下去，就是真的喜欢。

生3：我觉得能够对龙念念不忘，而且愿意为它付出，一直想着它就是真的喜欢。

师：你们讨论得非常棒，有一些观点已经跟一些哲学大家的想法接近了，我们一起去读一读这些话。

（课件出示三句名言）

师：第一句。"中心藏之，何日忘之！"

（生齐读）

师：子张在信的最后还说了这样一句话：如果你真的一直想招人才，那你怎么可能这么多天都想不起来呢？应该是念念不忘呀！所以真正的喜欢是念念不忘呀！

师：第二句。"热爱真理的人在没有危险时爱着真理，在危险时更爱真理。"

（生齐读）

师：亚里士多德是西方一位哲学家，他最热爱的就是真理，如果热爱一个事物，无论什么时候都会热爱的，都会坚守的。在东方也有一位伟人说过类似的话。

师：第三句。"君子无终食之间违仁，造次必于是，颠沛必于是。"

（生齐读）

师：这句话是说君子哪怕在一顿饭之间都不会违背仁德之心，在最紧迫的时刻也一样，在颠沛流离的时候更是如此。所以这才是真正的喜欢：念念不忘并且无论什么样的情况下都会一直坚守下去。

师：今天到这里大家表现得非常棒！最后我们再来挑战一下自己，读一读故事的古文，一边读一边对照我们刚学过的故事。

（生跟读文言文）

师：通过学习叶公好龙，相信大家都懂得了什么是真正的喜欢，怎么做才能做到真正的喜欢，希望大家都能找到自己心中所喜欢的、所热爱的，并且能够一直坚守下去！今天的课就到这里，下课！

三 教学反思

《叶公好龙》是二年级下语文园地里一篇需要积累的寓言故事，这篇寓言故事，文字虽简练，但内容十分生动。所蕴含的道理既简单明了，又跟学生的实际生活息息相关。因此，在设计这堂课时，从"叶公好龙"的故事入手，带领学生深入讨论与生活息息相关的问题"什么是真正的喜欢，怎么做才能做到真正的喜欢"。

（一）导入环节

以"龙"的甲骨文和小篆来引出课文，让学生们的思路自然地转入到故事的学习中。

（二）初读课文，理解文章大意

在这个环节，老师要求学生将文章读通读顺读懂，并能借助图片，用自己的话复述故事。

（三）讨论反思

这一环节老师以提问方式和背景故事的讲述把学生引入到情境中去，通过对"叶公""好""龙"三组词的拆解，对学生回答的一次次追问，由浅入深，循序渐进，把学生带入更深层次的学习中去，让学生在小组讨论中，在思辨中去探寻什么是真正的喜欢，怎么做才能做到真正的喜欢。

（四）总结拓展

在结合自己生活经历，充分理解了什么是真正的喜欢，以及怎么做才能做到真正的喜欢后，我们也要像先哲学习，了解在先哲眼里真正的喜欢是什么样的，怎么做才能做到真正的喜欢，帮助孩子在以后的生活和学习中做到真正喜欢！并能够坚持喜欢！

这节课的教学，从总体上来说达到了课前的预期目的。学生们扎实地掌握了基本知识，能够把对于故事的理解延伸到自己的经历中，这是非常了不起的迁移能力。整堂课孩子们的参与度非常高，讨论的话题也很深入，在课程的思辨环节更是有精彩的课堂生成。但是，课堂环节对二年级的学生来说有点多，应巧妙通过语境还原、场景演绎及想象等方法快速地引领学生进入情境，缩减环节，在前面就把最重要的问题抛出，之后老师再通过不断地追问、讨论，深入文章内核，启发学生的思辨。这是本堂课的不足之处，我会在今后的课堂教学中多加注意情境的创设，把语文课上得更有想象力！

四 评研

评研 1

慧慧老师的语文课设计得很新颖，很能吸引孩子的注意力，并且给每一个孩子充分的展示时间，让孩子在课堂上自信地展示自己的收获。不过二年级的孩子，注意力的时长有限，课堂环节太多导致孩子后半节课的注意力不能完全集中。如果减少几个环节，课堂效果会更好。

评研 2

慧慧老师这堂课流程清晰，课堂容量大，学生思维活跃。通过"叶公真的好龙吗？龙真的只是龙吗？什么是真正的喜欢？"这几个大问题引发孩子思考，由历史典故到现实生活，衔接自然，拓展知识丰富。并且教师教态极好，能及时点评并且抓住重点进行补充引导，关注到了每一位学生。

评研3

慧慧老师的课，立足于二年级学生学情，既兼顾了基础知识，又有思辨和追问。

评研4

二年级的学生对于古文学习比较陌生，贴心的慧慧老师以故事导入，教学时充分让同学们感觉到它的故事性。并通过小组讨论让学生迅速掌握本则寓言的脉络，让学生沿着这条脉络去读、去想、去讨论，最后归纳出寓意，避免了传统教学中不必要的分析和乏味的说教。最后，通过名句拓展升华主题，激发学生更深层次地理解寓言所蕴含的道理。

评研5

刘慧慧老师执教的《叶公好龙》一课目标设置合理，教学思路清晰，能合理组织学生自主学习，对学生的即时评价具有发展性和激励性。抓住"好"字深入引导学生进行分析讨论，从而层层深入地理解叶公的表现及其心理变化，逐步理解真正的喜爱应有的表现，最终通过想象进行续写，不仅让学生理解了寓意，更让学生有了对做人做事的思考，起到了事半功倍的效果。